読めば読むほど
ウマくなる！

中華一筋の
べっぴん絶品料理

鈴木邦彦

大和書房

はじめに

「飯テロ」。

そんな甘美《かんび》で残酷《ざんこく》な言葉を、皆さんも何度か耳にしたことがあるでしょう。画像や動画などで、無差別に食欲や空腹感を誘発する行為のことを世間ではそう言い、僕たちもYouTubeで皆さんを空腹の底へと突き落としてしまうことがありますが、何を隠そう、本書も「文章の飯テロ」とでもいうべき、中華の料理本なのです。

実は遠い昔、僕がまだ小学生の頃、国語の教科書に「母は来客にできる限りのおもてなしをした。それは炊きたての白飯と生卵で、来客がそれを食べているところをふすまの陰から兄と二人で食い入るように見ていた」という内容の文章を見つけたことがありました。まだ食に貧しかった時代に生きる子どもの話です。

その日からしばらくの間、僕は卵かけご飯ばかり食べていた記憶があり、今思えばきっとそれが僕にとって初めて経験する「飯テロ」だったのでしょう。

もちろん昔の教科書なので、挿絵が入っているわけでも、映《ば》えのきいたＴＫＧの写真がこれみよがしに載っているわけでもありません。たった3行程度の文字が持つ、まさに「文章の飯テロ」だったのです。

人間に想像力がある限り、文章を読んで感じるイメージ、またそのインパクトは絶大です。読む人、読むタイミング、読む場所、読む年齢によってもまた、感じる美味しさは変わってくるでしょう。

本書では、一般家庭では到底つくることがないような大人数の出来上がり分量や、あわや火事になりかけそうな火力で鍋をあおるようなレシピも紹介しています。

せっかく本書を開いていただいたのに早々申し訳ありませんが、無理してつくることはおすすめしません（とはいえ、ご家庭でつくれるレシピもあります！）。ぜひ「文章の飯テロ」としてお読みいただき、「読んだだけでウマい！」を感じていただき、「読んだだけでお腹が空いて困ったじゃないか！」と叱っていただけたら本望でございます。

中華一筋　鈴木邦彦

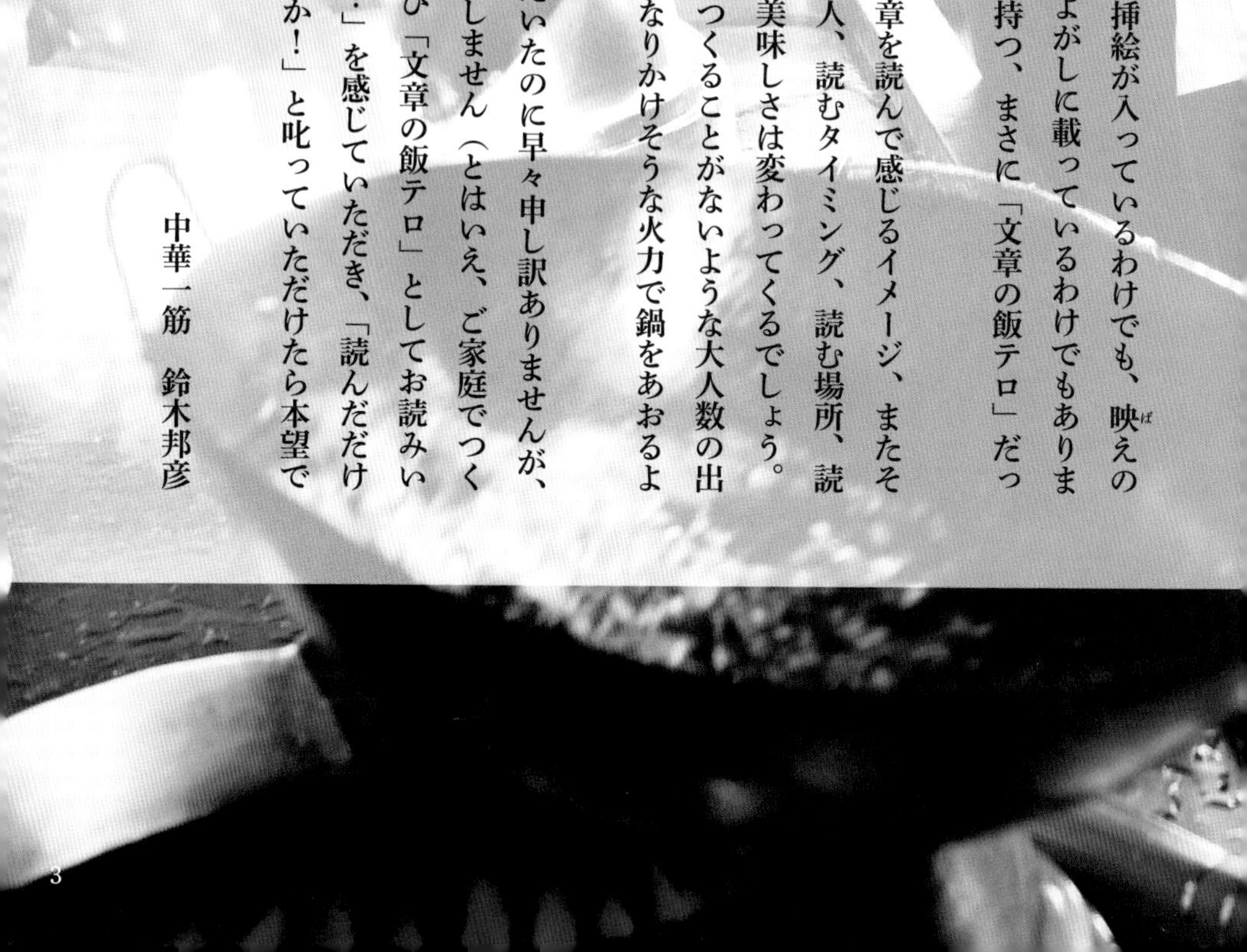

読めば読むほどウマくなる!
中華一筋のべっぴん絶品料理

目次

其の一　中華一筋のまかない飯神イレブン

其の二

白飯が欲しくなる中華おかず

其の三

中華一筋流！マジウマ炒飯

其の四

一度食べたら止まらないやみつき麺

其の五

クセになる激辛おかず

付録

これがつくれたらTHE職人！中華仕込み

《中華一筋厨房《ちゅうぼう》は今日も賑《にぎ》やかで和《なご》やかです。》

チーフ（鈴木邦彦）
Chief

中華一筋厨房のオーナーシェフとして多忙な日々を送る。最近はイチナベさんがつくるまかないに胃袋をつかまれ激太りし、ダイエットするも撃沈。なんでもそつなくこなすセンスの塊。ボケ担当。

KMO
ケーエムオー

調理師専門学校を卒業後、中華一筋厨房の実店舗の門を叩く。数々のコンクールでさまざまな賞を受賞するなど、華々しい経歴の持ち主。副料理長として一番鍋を担当している。頭脳派であり技巧派。

イチナベさん（須藤江史）
Ichinabe san

キモくてウマくて カワいい 中華料理人集団!

YouTube『中華一筋』は、ある地方の中華料理店で働く職人やスタッフたちで運営。毎日賑やかで和やかな厨房の様子を配信し続けている集団です。

X-GUN《ばつぐん》の腕前を持つイチナベさんが黙々と料理の腕を振るい、その隣でチーフがボケたりツッコんだりしながら、出来上がった料理を「まかないガールズ」たちが食し、「マジウマい!」というひと言をもらう、というのが流れ。

まかないガールズたちの反応に一喜一憂《いっきいちゆう》するオジサン2人があまりにキモいので、そんな2人をまとめてKMO（キモいオッサンの略）と名付けることにしました。

ゆったん

Yuttan

まかないガールズ不動の人気No.1。マイペースでおっとりした癒《いや》し系。辛いものが大好きで、何度もイチナベさんを失意のドン底に突き落としてきた強者。将来の夢は芸能人専属のメイクアップアーティスト。

マネユカ

Maneyuka

学生時代からチーフのもとでアルバイトをし、勤続年数16年のベテランスタッフ。唯一チーフの髪の毛フサフサ時代を知る女。頭の回転が速い。KMOが悪さをしないよう、日々目を光らせている。

シバター

Shibatā

一見、宝塚歌劇団にいそうな年齢不詳《ふしょう》の謎多き女。気が強く、バイタリティある男勝りな性格だが、実はネコが大好きという普通な一面も持ち合わせている。イラストレーターなボーカリストでもある。

しずか

Shizuka

看護学生のしずかちゃん。内気でいつまでも素直な性格は、まさに『ドラえもん』に出てくるしずかちゃんそのもの。「調子にのるとお注射をされそう」と喜ぶKMOにまったく気づかないド天然ちゃん。

かりん

Karin

現役JKガールズのかりんちゃん。一見真面目《まじめ》そうに見えて、実は男を手のひらでコロコロ転がす、イマドキなやり手女子。イチナベさん特製葱ラーメンには目がない。将来の夢はYouTuber !?

MG

まかないガールズ

本書の使い方

あり得ないほどたくさんの出来上がり分量、どこで入手したらいいかわからない食材や調味料、普通のご家庭のガスコンロでは難しい火力、長年の経験がものをいう包丁さばき……など、一般的なご家庭で調理するには難しいレシピも出てきます。ただ、プロの方には技術向上に役立つはずですし、一般の方であっても、プロの技術を少しでも知ることで、クッキングライフがより豊かになるはずです。もっといえば、料理をする気持ちが微塵《みじん》もない人でも、中華料理の知識が得られることで、普段何気なく食べていた料理を見る目が変わるかもしれません。何より「本書を読んでお腹を空かせる」、それが一番おすすめの使い方です。

其の一

中華一筋のまかないない飯神イレブン

中華一筋厨房スタッフみんなが、
毎日楽しみでたまらないのが、まかない飯。
通常、パパッとサササッと簡単につくれる料理が多いのですが、
中華一筋のまかないは、お客さまに出す料理と同様に、
手を抜くことは一切ありません。
手間暇惜しまず、スタッフみんなの英気を養うために、
イチナベさんが今日も腕を振るってくれています。
丼一杯の簡単なものから、長きにわたって語り継がれる
伝承レシピまで、特に人気の高い11品を公開します。

チャーシュー麺

叉焼麺

東坡肉《トンポウロウ》ルーツのマジウマいチャーシュー。

初めての料理本の栄えある最初のひと品は、こともあろうかチャーシュー麺！なのですが、皆さまはご存じでしょうか？

叉焼《チャーシュー》と焼豚、そして日本のラーメンの上にのっているチャーシュー麺のチャーシュー。これらはもともとまったくの「ベツモノ」だという事実を。

一般的に日本でいう「チャーシュー」のほとんどが「煮豚」であるのに対し、「叉焼」は豚肉に蜂蜜などを塗り、窯《かま》で炙《あぶ》り焼いた広東《カントン》料理発祥のもので、「焼豚」は皮付きの豚肉に塩と香辛料を塗って窯で焼き上げた、これも伝統ある中国広東料理なのです。

そんなことを知ったら、今後、ラーメン屋さんでチャーシュー麺を食べるときに、「それチャーシューではないよ」とか「これ煮豚じゃん」などと言われる方がいらっしゃるかもしれませんが、そこは敢えてツッコまず、ぜひ美味しく食べていただきたいものです。

ともあれ、中華一筋厨房のチャーシューは煮豚でも叉焼でも焼豚でもなく、実は東坡肉をルーツとしたマジウマいチャーシューなんです。豚塊肉をゆでてから油で揚げ、醤油ダレにたっぷり浸け込んだら蒸す！

香りも味も絶妙にウマいし、見た目もマジウマい！

つくり方

チャーシュー麺

使用する豚バラ肉は輸入に比べて国産のほうが美味しいですし、冷凍より生肉のほうがいいに決まっているのですが、どちらでも構いません。

なぜって？

価格が全然違うからです。それぞれの事情で楽しくつくって、美味しく食べる。コスパを考えてつくるのも、それまたひとつ。

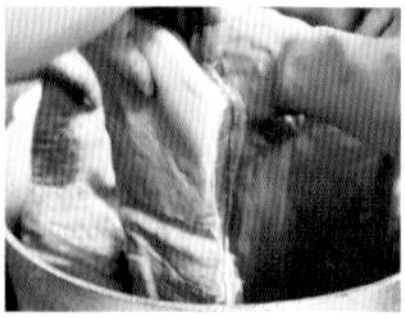

まずは、いい感じに脂が入った豚肉を適当な大きさに切ります。

青葱《あおねぎ》と生姜《しょうが》を入れた熱湯で1時間ほど豚肉をボイルした後、さっと甘口醤油にくぐらせて香りと色をつけます。

その後、高温の油できつね色になるまで揚げるのですが、この作業がとても大切！　なぜかというと、表面を固めて旨味を封じ込める、超重要な工程だからです。

次に、熱した鍋で刻んだ軟白葱《なんぱくねぎ》とおろし大蒜《にんにく》を炒め、鶏ガラスープ、醤油、料理酒、塩を加え、さらに、独特な旨味を持つ、別名「東洋のチーズ」と呼ばれる紅南乳《ホンナンルウ》を入れて煮込んだ浸けダレに、1時間豚肉を浸け込みます。さらに浸けている容器ごとじっくり蒸し器で2時間蒸し上げたら、トロトロの極上チャーシューの出来上がりです。

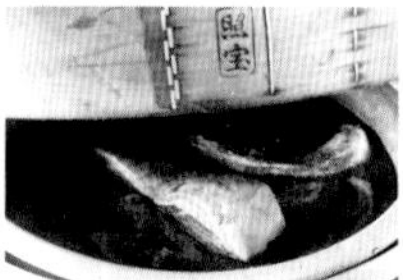

材料

【チャーシュー】
（つくりやすい分量）
豚バラ塊肉…2kg
青葱…10本
生姜…1本
甘口醤油…適量
揚げ油…適量

〈浸けダレ〉
軟白葱…200g
おろし大蒜…大さじ2
紅南乳…2個
鶏ガラスープ…1ℓ
醤油…750cc
料理酒…150cc
塩…大さじ2弱

【ラーメン】（1人分）

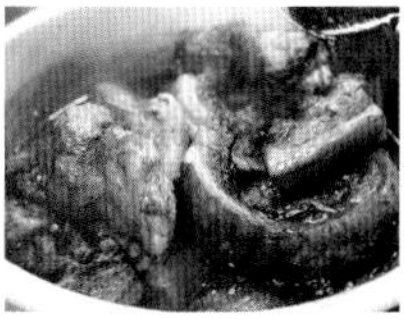

濃厚な旨味とともに封じ込められた香りは、噛むごとにかすかに鼻腔《びくう》を心地よく刺激してくれます。飲み込んだ瞬間にたった今食べたという記憶をもなくしてしまいそうになるほど、何枚でも無限に食べられてしまうデブまっしぐらの危険な逸品。

そしてそして、丁寧に掃除《そうじ》をした鶏ガラと丸鶏、香味野菜たちをコトコト5時間炊いて仕上げた「あっさり鶏ガラスープ」を温め、そこにスープの他の材料もどんどんイン。グツグツしてアツアツになったら、「最強の醤油味スープ」を器にイン。

中太ちぢれ麺を2分ゆでたら、軽快な湯切りをキメて、やさしくやさしくスープにイン。後は熱々のチャーシューを厚々に切ってセンスよくオン。さらに刻んだ軟白葱をオンしたら出来上がり。

もはや飯テロを通り越してデブテロの域に達してしまいそうな勢いと、そっちの世界の仲間入りを果たしてしまいそうになる恐怖が入り混じったホラーなチャーシュー麺。仕上げのインインオンオンもあやしげです。でも、中華一筋っぽいといえば、ぽいです。ぽいぽいぽいぽぴーです。ニンニンニンったらニンニンニンです。

麺…150g
チャーシュー…10枚
軟白葱…20g
〈スープ〉
鶏ガラスープ…600cc
蒸した後の浸けダレ
…大さじ3
醤油…大さじ3
料理酒…大さじ3
うま味調味料…小さじ1
塩…小さじ1.2
胡椒…少々
鶏油《チーユ》…小さじ2

視聴者の声

・ご飯にキャベツを敷いて、チャーシューを薄くスライスして、ロービー丼みたいに盛りつけて、煮汁をあんかけにして、からしをたっぷりつけて食べたいな。(じゅんかん)

・材料そろえて見様見真似でつくったら「マジウマい」でした。(Kawa Yui)

動画はコチラ

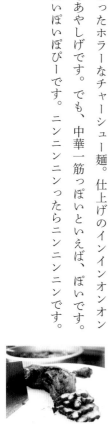

レバニラ炒め

韮菜炒肝

レバニラでもニラレバでも構わない。ウマければ。

中華一筋厨房のまかないで人気ナンバー5という微妙なランキングを誇る完食必至《ひっし》な料理、レバニラ。お腹がペコペコでガツンと腹に詰め込みたいときには、これしかありません。

「疲れてヘトヘト、ここらで一発疲労回復したいな」、そんなあなたにレバニラです。

「今日の晩ご飯は何にしようかしら？　悩むわー」ってなっている奥さま方におすすめするのは、レバニラです。

中華料理屋さんに入って数あるメニューで悩んだ挙句《あげく》、貴殿《きでん》が注文するのは絶対に！　レバニラです。

ビールによし、ご飯によし、身体にもよし！　ときたら、やっぱりレバニラです。

朝昼夜と食べられるお手軽中華の代表は、レバニラです。

ビタミンA、B_1、B_2を多く含み、糖質をエネルギーに変えてくれ、老化や生活習慣病を予防してくれる、すっごい料理はレバニラです。

食べた後、悪人をも寄せつけない威力《いりょく》を発揮《はっき》する口臭が欲しけりゃ、レバニラです。

『天才バカボン』のパパが何度も叫んだ伝説の言葉は、レバニラです。

レバニラ食べたら今日も賑やかで和やかです。

つくり方

レバニラ炒め

日本における中華料理店の多くは豚レバーを使用しているようですが、中華一筋厨房は頑《かたく》なに鮮度にこだわった牛レバーを使用します。豚に比べて臭みが極端に少なく、美容効果やアンチエイジング効果も期待できるため、意外にも女子ウケがよく、やさしい旨味がとっても豊富だからという理由で、選択の余地なんかは到底ありません（女子ウケがよいという要素が一番大切）。

そんな新鮮な牛レバー、実は「臭み抜き」というような下処理をする必要がないのです。レバーは牛乳に浸けたりお酢に浸けたりして行う「臭み抜き」が必要だといわれがちですが、臭みの原因は酸化にあるため、調理寸前ギリギリまで空気に触れさせないようにしっかりと保存することができていれば、臭み抜きは必要ありません。

新鮮な牛レバーは、臭みになる前の香りの段階にいます。もちろん香りの階段を下っていけば、行き着くところは臭みの極み。そうならないように気をつかって保存することが大切です。

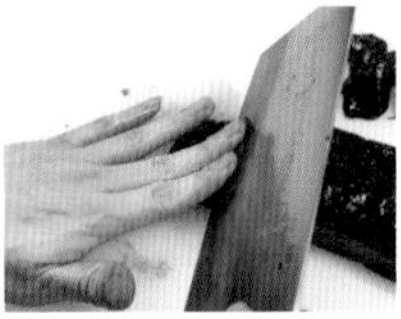

牛レバーは、調理寸前に薄皮や余分な脂などをきれいにしながら切るのですが、その際はできる限り薄～く薄～く。すぐに水溶き片栗粉で表面を薄～くコーティングし、熱湯でさっ

材料（3人分）

牛レバー…200g
韮…160g
玉葱…30g
軟白葱…10g
生姜…10g
料理酒…大さじ1
胡椒…少々
水溶き片栗粉…適量
胡麻油…少々

〈合わせ調味料〉
鶏ガラスープ…大さじ5
醤油…大さじ3
老抽王《ロウチュウオウ》…小さじ0.2
オイスターソース…大さじ1
砂糖…小さじ1
うま味調味料…小さじ0.3

と数秒ボイル。水切りしたら、さらに数秒の油通し。

さぁこれで牛レバーの旨味と、嫌な臭みになる前の素晴らしき香りをすべてやさしくやさしく封じ込めることに成功です。

ここからはスピード勝負。

まずは頭の中で調理工程を丁寧にシミュレーション。

熟練した料理人になりきって調子よく調理している自分を想像し、「マジウマいレバニラが上手に完成しますように！」と心の中で一旦お祈りも捧《ささ》げてしまいましょう。

心と身体の準備が整ったら、油を熱した鍋に1cm幅に切った軟白葱と生姜を入れて軽く炒め、油をよく切ったレバー、食べやすいサイズに切った韮《にら》と玉葱を順に入れ、料理酒シャー！　胡椒パッパッ！　合わせ調味料ジャー！　したら間髪《かんぱつ》入れずに水溶き片栗粉を薄〜くタレが流れない程度にとめ、胡麻油をチョロッと垂らしたら出来上がり。

とにかくスピードと火力が命なこの料理。

超短時間で仕上げることがウマさの秘訣《ひけつ》です。

もやしを入れたシャキシャキアレンジもX-GUNです！

塩…少々

視聴者の声

・本日、台所に一番近いYouTuberの動画が、テレビの調理番組を超越しました。プロの調理技術とレシピの無料解放、みんなでつくってその時に備えましょう。（横山忠尚）

・何てウマそうなんだ…。丼メシまでご馳走に変えてしまいそうな恐るべき料理。（ucci_802）

動画はコチラ

シャウエッセン回鍋肉

紋肉香腸回鍋肉

美味なる回鍋肉《ホイコーロウ》には音がある。

いつの時代も大人気のウインナーソーセージ。

朝食やお弁当、おつまみなど……ありとあらゆる場で重宝《ちょうほう》するすごいヤツ。

最近では、じっくり熟成させたものや粗挽《あらび》きタイプのものなど、種類がとっても豊富。スーパーでも、肉に取って代わる主役級の存在感を出してきています。

そんななかでもやはり人気絶好調なのは、ニッポンハムの定番商品『シャウエッセン』ではないでしょうか。

パリッとした皮と濃厚な旨味は安定感X-GUNのクオリティ。

そのまま食べてももちろん最高に美味しいシャウエッセンは、パンにはさんだり、卵にのせたり、スープにしたり、炒めたり、鍋の具材にしたりと、用途はまさに無限大です。毎日食べてもまったく飽きません。

もはや、ウインナーソーセージ界のメルセデス・ベンツAMGといっても過言ではないのかもしれません。

そんな大人気シャウエッセンの新たな活用法を、今回は提案させていただきます。

キンキンに冷えたビールにピッタリ、熱々の白飯にバッチリの逸品です。

シャウエッセン回鍋肉

つくり方

今巷《ちまた》を賑わせているシャウエッセンの美味しい食べ方は、３分ボイルしたり、水を入れて２分炒めたり、レンチンしたりとさまざまですが、どれも「簡単に」という最重要キーワードを優先した調理法が主流です。もちろん決してそれらを否定するわけではありません。誰でも簡単に美味しくつくれるという合理的な方法は、時間に追われた現代社会にマッチする素晴らしい要素だと思いますし、そのような画期的《かっきてき》な発想によって人類は常に進化をし続けているものだとも思っております。

がしかし。僕たち料理人の心がうずくのです。

そのまま食べてもとっても美味しいシャウエッセンなのに、料理人の心がうずいてしまったら調理の始まりです。

キャベツは「ちょっと大きすぎたかな?」って思うよりもさらに少しだけ大きく切ります。

軟白葱も大きめのハス切り（斜め切り）です。

ピーマンは三角形になるように。もちろん大きめです。

さぁ仕込みは終了。後は仕上げるだけです。

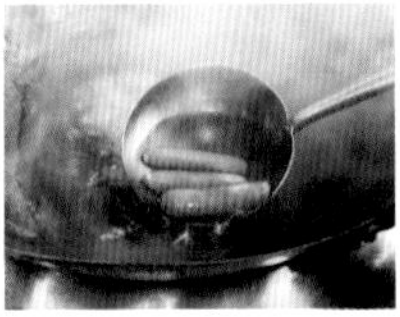

まずはシャウエッセンをたっぷりのお湯でボイルし、その後低温でゆっくりと油通し。皮がい～感じに張ってきたら野

材料（1人分）

シャウエッセン…1袋
キャベツ…100g
ピーマン…15g
軟白葱…10g
おろし大蒜…小さじ2
醤油…小さじ2
料理酒…小さじ2
郫県豆瓣醤…大さじ1/2
甜麺醤…大さじ1
酒醸…大さじ1
豆豉醤…小さじ2
辣油…大さじ1

菜を全部油の中へ投入です。すぐにすべてを取り出して油を切ります。

熱した鍋に油を引き、郫県豆瓣醤《ピーシェントウバンジャン》、甜麺醤《テンメンジャン》、おろし大蒜を加え、焦げつかないようによく炒めます。

鍋から立ち上がる至高の香りに酔いしれる前に油切りをした具材を全部入れ、ジャッ、ジャッ、ジャッ！　と気持ちよく2回ほど鍋をあおったら、酒醸《チュウニャン》、豆豉醤《トウチジャン》、料理酒、醤油を順序よく加え、最後に辣油《ラーユ》をタラリと垂らして出来上がりです。

朝ご飯にも、お弁当にも、おつまみにも合うシャウエッセンは、中華料理にもよく合うのです。ニッポンハム万歳！

視聴者の声

・回鍋肉って、桜木《さくらぎ》花道《はなみち》がシュート2万本合宿をした際、学食で注文したときに初めて存在を知りました。(TOSHI)

・回鍋肉の味つけ覚えておこう…。いろいろなレシピに応用できる気がする！(monasya501)

動画はコチラ

酢豚

咕咾肉

昔懐かし酢豚はパイン入り。

ＫＭＯが4年に一度くらいの久しぶりな割合で、ふと思い出したようになぜか食べたくなるという料理は、「中華丼」と「担担麺」。そんななか、「私だって4年に一度がやってきた！」と言い始めたのが、宝塚歌劇団月組の顔面を持つＭＧ「シバター」ですが、そのシバター姉さんが日暮《ひぐらし》さん（漫画『こちら葛飾区亀有公園前派出所』で夏季オリンピック開催時期にしか登場しない日暮熟睡男《ねるお》のこと）の如く思い出した4年に一度は酢豚。

しかも黒酢を使用した今どきのコク深いものや、色彩豊かな野菜がちりばめられたおしゃれな感じのものでは決してなく、ケチャップが入って少しよどんだ赤い色をしたパイナップル入りの、いわゆる「昔ながらの酢豚」です。

「カレーにマンゴー」「ポテトサラダにみかん」が苦手な人からは、きっと「酢豚にパイナップルなんてあり得ない！」と強く拒絶されてしまいそうなことも重々承知のうえですが、パイナップルの酵素で豚肉がやわらかくなるとかならないとかいう理由を除いたとしても、決して合わなくはない副材のひとつだと思います。

いや、むしろ相性はＸ-ＧＵＮなはずです。

だって「シバターがすぶたを食べたー」ですよ。

酢豚

つくり方

アジア全域、いや、欧米でもさまざまな変化を遂《と》げながらポピュラー料理の仲間入りを果たした「酢豚」の調理は、豚肉の部位にこだわるところから始まります。

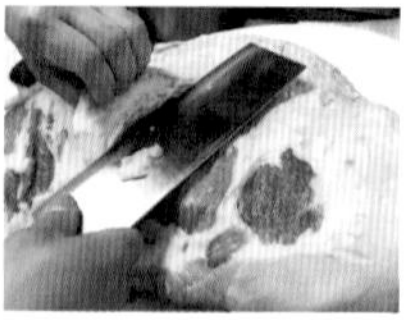

その理由は切り方にあります。薄くスライスをして使用する調理が一般的な豚肉ですが、酢豚はある程度の塊肉で仕上げなくては成立しません。となると、肉質のやわらかさに美味しさがかなり左右されてしまうという、繊細な料理でもあるのです。

豚肉の、一般的にいうやわらかい部位はロースですが、ロースよりも脂身が多く、脂質が網目状に広がっている肩ロースは、コクがあり、濃厚な味わいを楽しめるので、酢豚に持ってこいの部位。そんな肩ロースをひと口大に切り、料理酒と塩、溶き卵、片栗粉、大豆油で下味をつけ、油通しで9割の火入れをします。玉葱、ピーマンは、豚肉の大きさにそろえて切り、油通し。

食べやすい大きさに切った大根と人参、ラッキョウは、あらかじめ砂糖4：酢6の割合の甘酢にひと晩漬けておきます。

材料（2人分）

豚肩ロース肉…150g
玉葱…15g
ピーマン…1個
大根（甘酢漬け）…15g
人参（甘酢漬け）…15g
ラッキョウ…5個
パイナップル…1/8個
水溶き片栗粉…適量

〈炒めダレ〉
ケチャップ…大さじ3
醤油…大さじ2
酢…大さじ1
レモン汁…少々
三温糖…大さじ2
辣椒醤…小さじ2
水…大さじ4

そしてノスタルジック酢豚に欠かせない必須アイテムがパイナップルです。こちらもひと口大に切ります。

「酢豚パイン論争」はいつの時代も激論確定ですが、缶詰ではないフレッシュパインは本当によく合うんだ！　ということを1億2000万人の国民の皆さま方にどうしても伝えたいあまり、酢豚パイン党でも立ち上げようかと思ってしまいます（4年に一度だけ）。

さて、肝心のタレですが、あらかじめボウルなどで混ぜ合わせておくよりも、鍋に火をつけた状態でケチャップから順序よく加え、炒め合わせるようにしたほうが、香りがより際立ち、発色もよくなり、何よりも味にキレとコクが生まれます。

さて、鍋に油を熱し、ケチャップと辣椒醤《ラージャオジャン》を焦げつかないように炒め、醤油、三温糖、水、レモン汁、酢を加えたら水溶き片栗粉でとろみをつけます。豚肉、野菜、甘酢漬け、パイナップルを入れてなじませたら、懐かし酢豚の出来上がりです。

アッツ!!
なにこれ、マジウマい

〈下味〉
溶き卵…大さじ1
片栗粉…適量
料理酒…少々
塩…少々
大豆油…少々

視聴者の声
・ラッキョウ、意外ですね！　確かにパイナップル入りの酢豚、あまり見なくなりましたね（笑）。懐かしい味を求めるって本能なんでしょうかね？
（佐藤好一）
・酢豚のパインが許せるようになったら、いろいろ許せるようになりました。
(keke)

動画はコチラ

鶏肉とカシューナッツの炒め

腰果鶏丁

魅惑的でわがままなナッツ姫。

カシューナッツがなる樹木は、中南米原産ウルシ科の「カシューの木」。実はこの木、なかなかやるヤツなんです。木材は建築資材に利用され、樹皮からは染料の原料を抽出《ちゅうしゅつ》でき、さらに樹脂はゴムの原料に。果実は「カシューアップル」と呼ばれ、果物としてはもちろんのこと、ジュースにもなり、お酒にもなります。

そんないいとこ尽くしの種子の種皮を除いた仁《にん》の部分がカシューナッツ。それはまさにナッツ界のサラブレッド。極みのDNAを受け継いだ由緒《ゆいしょ》正しいお嬢さま。それがカシューナッツ本来のお姿なのです。

しかし。実は生のカシューナッツは、有毒成分を含んでいます。なので、料理をつくる前には、必ず高温加熱による下処理をしなくてはなりません。そうです。魅力のある女ほど危険な香りがするのは、ナッツの世界でもあまり変わりはないのかもしれません。由緒正しい家柄で甘やかされ、わがままに育ってしまったスタイル抜群で色白な魅力あるお嬢さまが、実は魔性《ましょう》の女だったという、木曜10時枠第2話から視聴率が下がり続けた後なかなか上がらないまま最終話を残し、9話で打ち切られてしまった残念なドラマのようですが、やはり男も女も少しクセが強いくらいのほうが魅力的に見えるのかもしれません。

つくり方

鶏肉とカシューナッツの炒め

まずはクセ強めのわがままカシューナッツ姫の毒性を抜くため、お風呂に入れてあげることから始めます。水3ℓに対して小さじ4の塩を入れて沸かし、姫を浸からせてあげると、あり得ない紫色をした不気味《ぶきみ》なアクが出始めます。

ソイツを丁寧に取りながらじっくりと30分ほど入浴させたら水気をよく切り、今度はアクが抜けたわがままボディのスキンケアを施《ほどこ》すように150～160度程度の油でゆっくりと素揚げをし、クッキングペーパーなどで油をよく切って休んでいてもらいます。姫が休んでいる間に下準備をしていきましょう。

鶏もも肉を皮付きのまま丁《ディン》（サイコロ大の大きさ）に切り、長葱、ピーマン、パプリカも同じ大きさと形（サイコロ大）に切りそろえておきます。

次に合わせ調味料をつくります。ボウルに調味料を合わせ、あらかじめ味見をしておくことがとても大切です。料理だけでなく、何においても確認してくことは丁寧な仕事につながりますよね。

さて、切った鶏肉は下味をつけて低温で油通しをし、上げる寸前に

材料（2人分）

鶏もも肉…250g
ピーマン…50g
赤パプリカ…20g
長葱…70g
カシューナッツ（下処理済み）…80g
紹興酒…15g
胡椒…少々
水溶き片栗粉…適量
胡麻油…5g
〈合わせ調味料〉
醤油…17cc
老抽王…少々
オイスターソース…7g
砂糖…3g
うま味調味料…2g
塩…少々

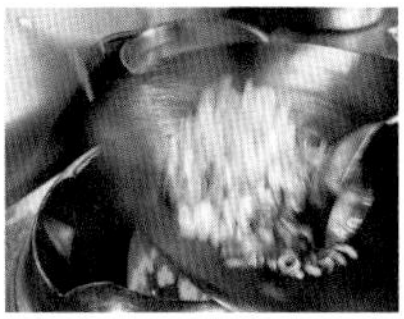

ピーマンとパプリカたちも一緒に油にもぐらせてあげましょう。

それでは、最終仕上げです。まず長葱を軽く炒めて香りを際立たせます。そこに鶏肉、休んでいたわがままカシューナッツ姫80g、ピーマン、パプリカを入れて炒め、紹興酒《しょうこうしゅ》を鍋肌から加えて胡椒を振ります。合わせ調味料を数回に分けて加え、そのタレが流れない程度に水溶き片栗粉でとめ、最後に胡麻油で艶《つや》と香りを出したら出来上がりです。

鶏もも肉のジューシーさと、ピーマンとパプリカの口触り、アクが抜けたわがままカシューナッツ姫の香りと歯応えを存分にお楽しみください。

水…30cc

〈下味〉
卵…適量
片栗粉…適量
料理酒…適量
塩…適量

〈下処理〉
カシューナッツ…1kg
塩…小さじ4
水…3ℓ
揚げ油…適量

視聴者の声

・そりゃうまいでしょうよ。画面を通して伝わってきてます。おいしそー。(ヘパリン類似物質)

・カシューナッツ大好物な私としては、贅沢《ぜいたく》な一品。これならご飯ガッツンガッツンいけます。(nwoマサ)

動画はコチラ

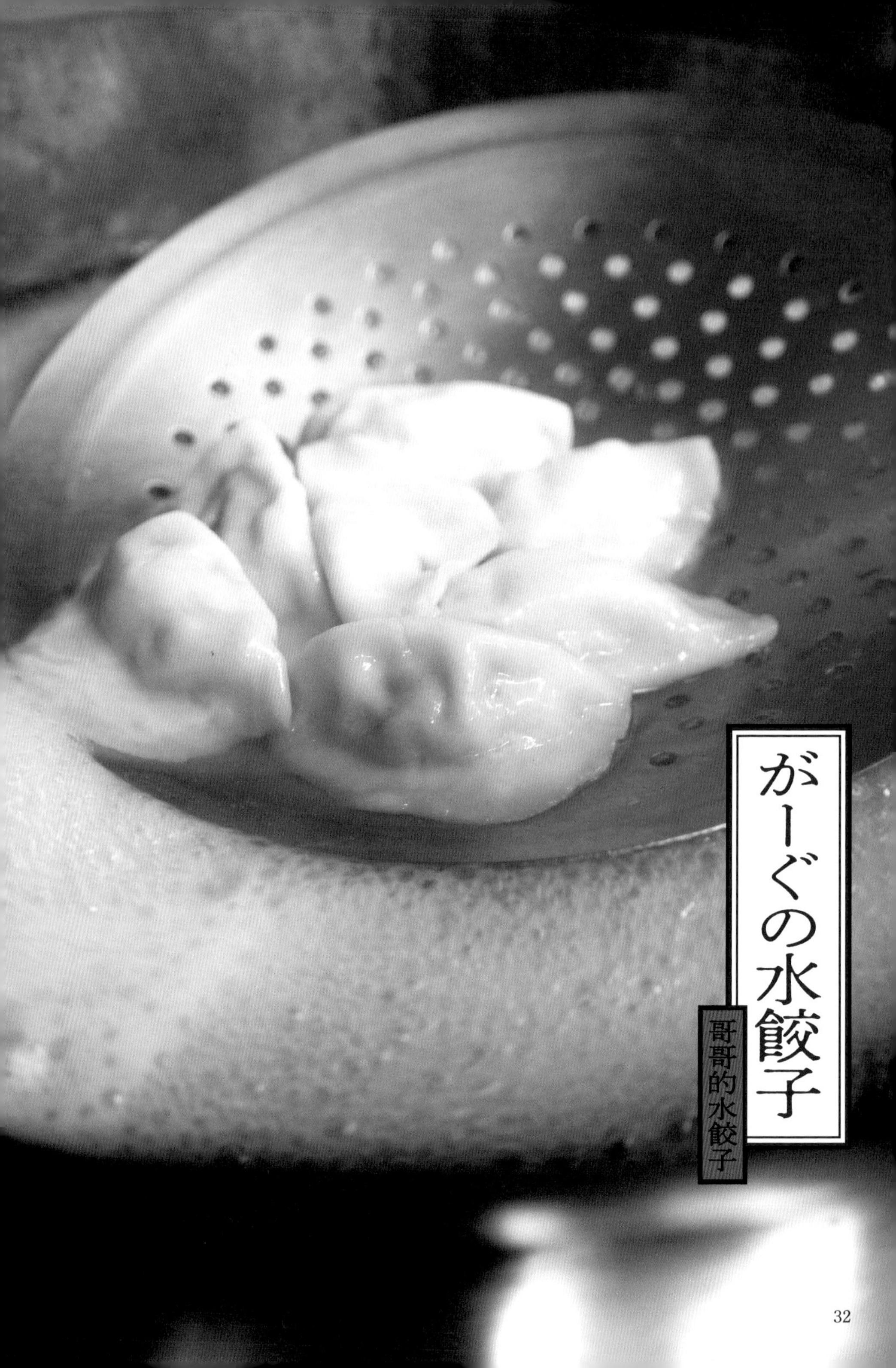

がーぐの水餃子

哥哥的水餃子

受け継ぐのはウマさとやさしさです。

今から30年も前の昔の話。当時の同僚に中国山東《サントウ》省出身の梁《ヤン》さんという人がいました。彼は日本語があまり上手ではないため、日本人とのコミュニケーションを極力避けていたのですが、おとなしくてとても真面目な人でした。

そんな彼のことをなぜかみんなは「哥哥《グァグァ》」と呼んでいたのですが、僕には「がーぐ」としか聞き取れません。なので、彼のことを意味もわからずにいつも「がーぐ」と呼んでいたのですが、それでも彼は笑顔で振り向いてくれるとってもやさしい人でした。

そんながーぐの得意なまかない料理は水餃子。スタッフからも大人気だったこの逸品は、いつの日からかメニューにも載り、お客さまからも好評をいただく人気の料理になりました。

モチモチしたコシのある厚めの皮で包む餡《あん》は、韮の芳醇《ほうじゅん》な香り、海老の甘味と心地よい舌触り、口の中いっぱいに広がる肉汁のやさしい旨味。ゆでたてをそのまま食べるもよし。特製ダレを絡めて食べるもよし。蒸し上げてから鍋で焼き目をつけるのもまたよし。

キンキンに冷えたビールでも、オン・ザ・ロックでいただく紹興酒にも、炊きたての熱々ふっくら大盛りご飯にもよく合う「がーぐ」の絶品水餃子。きっと今でも中国で元気でやっているだろう「がーぐ」が何かのきっかけでこの本を見てくれたらいいのにな。

がーぐの水餃子

つくり方

今は家庭でも飲食店でも餃子の皮を粉から手づくりするということは少ないのかもしれませんが、この餃子の最大の魅力はモチモチとした弾力性のある皮にあります。

使用する粉は強力粉です。小麦粉は熱湯でこねてあげるとデンプンが糊化《こか》してやわらかい生地になりますが、水でこねてあげるとグルテンが形成されやすくなり、より弾力性のあるモチモチの生地になります。水の量は粉の温度や室内の湿度によって若干《じゃっかん》変わるため、2～3回に分けて加えていきます。ある程度ボウルの中でまとまったら打ち粉をした麺台にのせ、体重をかけながらよくこねていきます。程よくこねることができると表面の凸凹《でこぼこ》がなくなってきれいなツルツルになるのですが、がーぐはこの作業がとにかく上手で早かったなぁ。その後は濡れた布巾《ふきん》などでやさしく包み、ひと晩冷蔵庫内で寝かせてあげます。

生姜は細かく鬆《ソン》に切り、韮は1cm幅で丁寧に切ります。特に韮は葉から汁が出ないように、よく研《と》いだ包丁で丁寧に切ることがとても大切です。海老も1cm幅で丁寧に切りましょ

材料（350個分）

〈皮〉
強力粉…3kg
水…1.6ℓ

〈餡〉
豚挽き肉…2kg
海老…500g
韮…700g
生姜…30g
醤油…100cc
オイスターソース…15g
砂糖…30g
うま味調味料…30g
塩…30g
胡椒…小さじ3
水…500cc
白絞油（大豆油）…200g

う。

粗く挽いた豚肉をボウルに入れ、砂糖、塩、胡椒を加えて軽く混ぜ合わせます。次に水と生姜を加え、さらに軽く混ぜ合わせます。醤油、オイスターソース、うま味調味料、白絞《しらしめ》油《ゆ》を加え、手早く粘りが出るまでよく混ぜ合わせます。表面が白っぽくなり粘りが出てきたら海老を加え、軽く混ぜ合わせます。最後に韮を入れますが、水分ができるだけ出ないよう、混ぜすぎないように注意をしてください。

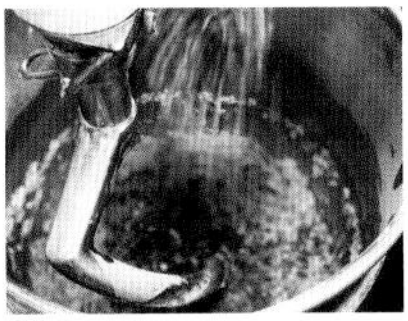

餡ができたらすぐに包みたいので、ひと晩寝かせた皮は、餡をつくっている間に一度練り直して12gずつに分け、手のひらで軽くつぶしておきます。その後麺棒をコロコロ転がして皮を成形するのですが、大きさと厚さ（2㎜）に気をつけながらのコロコロタイムです。一般的な焼き餃子をつくる際は「中心部は厚く、外側は薄く」という法則がありますが、水餃子はできる限り均一に伸ばすことが大切です。包む際もひだはつけずに合わせるだけです。

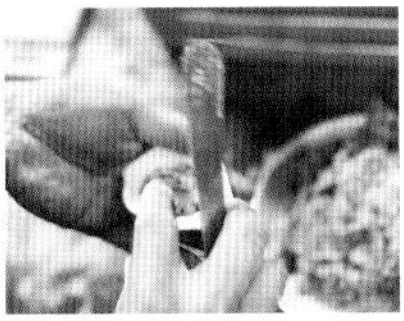

沸騰したたっぷりのお湯で6分ボイルしたら完成。時間をかけて丁寧につくったがーぐの水餃子は、食べることが惜しくなるほど愛おしく感じるはずです。

視聴者の声

・餃子は皮から手作り!!　これこそ『マジうまいッ!!』の原点なんですね!!　やはり何事にも基礎、基本があり、面倒なことでも手を抜かない!!　この動画を見て、改めて、違う職種ですが、気を引き締めさせていただきました!!（sakizoo9615）

動画はコチラ

大根餅ジェンガスタイル

積木的蘿蔔糕

160枚分の大根餅をつくりましょう。

もともとは中国広州地方で生まれた春節（旧正月）料理の、大根餅。香港発祥のものが一般的ですが、台湾やシンガポールなどでも日常の軽食として親しまれている料理のひとつ。細かく刻んだ甘い腸詰めや干し海老、椎茸《しいたけ》などの具材を混ぜ込んだものから、具材を入れないシンプルなものまでつくり方はさまざまですが、中国のソウルフードとして根づいています。日本でも飲茶《ヤムチャ》の流行とともに、点心料理のひとつとしてポピュラーになりました。

プルプルでモッチモチな食感、どんなソースにも合う淡泊《たんぱく》でヘルシーな味わい、大根を蒸した甘さ。やさしく口の中に広がっていく素朴《そぼく》な風味が人気の秘密なのでしょう。

しかもこの大根餅。一般的には四角形のタイル状に切ったものを焼いて醤油ダレで食べることが多いようですが、煮込み、炒め、揚げもの、スープの具……と、実に多様な料理の食材としても使われ、調理のアイデアをより湧き起こしてくれます。

今回は大きめの大根4本を使い、約160枚分の大根餅をつくります。

職人の感覚が求められる調理法と歴史ある点心の大根餅を、僕たちが考案したジェンガスタイルの仕上げでご紹介させていただきます。

大根餅ジェンガスタイル

つくり方

中華一筋式大根餅は、35年ほど前に台湾出身の陳《ちん》さんから伝授された伝統あるレシピ。伝統の料理がすべてウマいというわけではありませんが、この大根餅に関していえば「マジウマい」のひと言に尽きます。

蝦米《シャーミー》は乾煎《からい》りをして香りを際立たせておきます。メインの食材の大根はすべて千切りです。中国の腸詰めの臘腸《ラプチョン》は細かく切ってからさっとボイルをして余分な脂を抜いておきます。

直径約70cmほどのボウルに在来米粉、浮粉《うきこ》、片栗粉、砂糖、塩、胡椒というほぼ白い粉を調合する行為を行いますが、違法性はまったくありませんのでご安心を。

その後2.5ℓの水を加えて混ぜ合わせるのですが、気温や湿度によって水の量が変わってきます。切った大根も2.5ℓほどの水からボイルをしますが、同様に分量が変化します。水の量の加減はとても重要ポイントなのですが、これを見極めるには職人の感覚がどうしても必要不可避で、本書では伝えきれないため、とりあえず謝っておきます。ゴメンナサイ。

白い粉がいい感じに水と溶け合ったら、ボイルした臘腸、乾煎りした蝦米、胡麻油を入れ、さらに混ぜ合わせていると、

材料（160枚分）

臘腸…500g
蝦米（干し海老）…150g
大根…4kg
在来米粉…2kg
浮粉…400g
片栗粉…400g
砂糖…100g
塩…80g
胡椒…40g
水…5ℓ
ラード…お玉半分
胡麻油…お玉1/4杯
揚げ油…適量

そろそろボイルしている大根が沸く頃です。沸騰したらラードを入れ、溶けるまで混ぜ合わせます。溶けきったらお湯ごと、白い粉の中に入れ、熱いうちにお玉を使って混ぜ合わせます。すべての材料が均一に合わさるように、ボウルを回しながら力を入れて混ぜます。かなりの力を要するので筋トレにもなります。

混ざったら角型バットに移しますが、空気の層が入らないように隙間《すきま》なく入れます。さらに、バットごと衝撃を与えてあげて空気を抜いていきましょう。その後表面に水をつけて平らになるように丁寧になじませ、蒸籠《せいろ》に入れて蒸します。30分経過したら一度取り出し、表面に油を塗ってひび割れの防止をし、さらにまた30分、合計1時間蒸します。表面に艶が出てきれいに蒸し上がったら、バットごとひと晩冷蔵庫で冷まします。

さぁ、翌日。バットから取り出し、ジェンガの棒のような長方体に切りそろえ、薄く片栗粉（分量外）をまぶしたら、１７０度の油でサクッとするまで揚げます。油切りをしっかりと行い、お皿にジェンガタワーを組み立て、まわりにお好みのソースをセンスよくかけ、香菜《シャンツァイ》を添えたら出来上がりです。タワーを崩さないように、恐る恐るいただきましょう！

視聴者の声

・動画を観ながら私が子どもの頃よく食べにいっていた台湾料理屋さんご夫婦を思い出しました。ご主人が台湾にある奥さんのお店で修行されて、日本でお店を開いていました。何を食べてもとても美味しかったのですが、特に大根餅が美味しかったのです。そのご夫婦にはとても可愛がってもらったりしたことも思い出しました。中華一筋さんの動画を観るとご夫婦を思い出します。イチナベさんの鍋振りを観るとご主人と重なるのです。

(mappon)

動画はコチラ

ズワイガニの爪海老の叩き揚げ

百花蟹剪

ひと口で海老と蟹が味わえます。

中華一筋厨房「嫌いな仕込みランキング」の栄えあるナンバー1に長年君臨《くんりん》し続けていたツワモノがいます。いや猛者《もさ》と呼んだほうがふさわしいのかもしれません。ヤツの名前は「百花蟹剪」（広東語でバッファハイジン、北京語でパイホアシェージェン）。百花は海老のすり身を、蟹剪は蟹のハサミの部分を指します。ヤツを日本語で訳すと「蟹爪の揚げもの」。

なぜ嫌いなのかというと、休憩時間に仕込まなければならなかったから。厨房内に所狭しと置かれた仕込み道具を前にそれぞれの担当が流れ作業で行うため、営業時間前や時間内は困難。仕込みの日は「休憩」という輝かしくも煌《きら》びやかな2文字が禁句でした。がしかし、実はヤツ。まさかの「好きな料理ランキング」のナンバー1でもあり、毎回仕込みが終わるとなぜか数が足りない……。その人気具合は、まさに料理界のキムタクといえるでしょう。

たまにスーパーの冷凍食品売り場などで見かけるアレは、見た目は似ていますが、中身が全然違います。蟹のハサミの根元の部分の身も貧弱《ひんじゃく》ですが、さらにそれを包むのは魚のすり身。とはいえ、愛妻弁当にもしアレが入っていたものなら、午後からの仕事が異様なまでにはかどってしまうことでしょう。中華一筋厨房手づくりのヤツは、はかどるなんていうレベルではありません。たぶんきっと美味しすぎてやる気さえ失ってしまうことでしょう。

ズワイガニの爪海老の叩き揚げ

つくり方

まず中華包丁を４本使って海老をブッ叩き切ります。叩き方は馬が走るときの音のようにパッパカパッパカという具合。イメージをオグリキャップにするのかディープインパクトにするのか、はたまたキタサンブラックにするのかはご自由ですが、リズミカルに叩くことが大切です。ある程度馬が走り去り、海老に粘りが出てきたら、ボウルに海老、豚背脂、卵白、砂糖、塩、胡椒を順に入れ、さらに粘りが出るまでよく混ぜます。

白っぽく粘りが出てきたら胡麻油、蝦油《シャーユ》、片栗粉を少しずつ加えて混ぜ合わせ、ひと晩冷蔵庫で寝かせてあげたらマジウマい餡の出来上がりです。ひと晩寝かせることで、余分な水分がある程度抜け、味が落ち着き、しっとりとした舌触りの美味しい餡になります。

そもそもこの餡は、揚げても、蒸しても、平らにして焼いても、形を変えて炒めても、それはそれは最強なんですが、ズワイガニの身と合わせることで相乗効果を発揮し、極上のクオリティを生み出してくれるんです。それもそのはず、ひと口で海老と蟹の両方を味わえるのですから、盆と正月が一緒に来たようなモンだと思っていただけたらわかりやすいのではないかと思います。

材料（２５０個分）

ズワイガニ爪…２５０個
卵…適量
片栗粉…適量
パン粉…適量
水…適量
揚げ油…適量

〈海老餡〉
海老…４kg
豚背脂…２kg
卵白…10個分
片栗粉…２００g
砂糖…１２０g
塩…60g
胡椒…大さじ2
胡麻油…１００g
蝦油…１００g

では、メインイベントの始まりです。用意するのはズワイガニ爪、海老餡（あらかじめ40gずつ分けて丸めておきましょう）、片栗粉、水、卵、パン粉です。それぞれバットに入れて流れ作業になるように並べておきましょう。まずズワイガニ爪の身の部分に片栗粉を薄くまぶします。次に海老餡を、まぶした片栗粉の上から包み込むように巻きます。表面に水をつけながら、ツルツルになるように形を整えてあげます。

溶いた卵にくぐらせ、パン粉のバットに入れ、たっぷりのパン粉をつけてあげます。形が崩れないよう、パン粉が落ちないよう、丁寧にバットに並べることが大切です。１７０度の油でゆっくり揚げます。揚げる前にはもう一度形を整えてあげましょう。

しばらくすると、気泡が大きくなり浮かび上がってきます。さらにしばらくすると、その気泡が少なくなります。この頃になると美味しそうなきつね色になっています。それが油から上げる合図です。

出来たては表面がサクッとして、中はプリッとして。海老の濃厚な甘味と豚背脂のまったり感、蟹爪身のしっかりとした繊維あふれる身のホロッとした食感。もちろん何もつけなくともマジウマいのですが、椒塩《ジョウエン》や香辣醤《シャンラージャン》などをチョイとつけても絶品です！

視聴者の声

・蟹の爪の揚げ物好きー！　最高ですよね！　でも正直一からつくるのは初めて見ましたよ。練った具はいろいろと応用がききそうですね。個人的には薄いパンに塗って、油で揚げて食べたいかな（･ω･）（ぶー）

・わーーーーい！　ごちそうだー。エビカニ好きにはたまらない！　最高傑作。いつかこれだけをお腹いっぱい食べてみたい。(sakae.kino)

動画はコチラ

牛肉の角煮

紅焼牛腩

トロトロホロホロをお約束します。

中国南部海岸に面している広州地方は、約２０００年前の漢時代から内外の交易港として栄え、とても物が豊富でした。気候も温暖で、新鮮な海の幸や山の幸に恵まれ、食の贅沢さを極めていました。さらに西洋料理の影響などにより、素晴らしい食文化が栄え、広東料理が確立したようです。

広東料理は飲茶や点心が始まった地方でもあり、料理の種類も中国髄一《ずいいち》、巧妙な料理の発想、自然の風味を生かした味つけ、鮮麗《せんれい》な仕上がりと、どれをとっても最高を誇っているといっても過言ではありません。「食在広州」、食は広州に在《あ》りですね。

そんな広州で生まれた紅焼牛腩は、牛バラ肉の旨味を余すところなく伝える、広東料理を代表する肉料理といえるでしょう。

その牛腩、北京読みでニュウナン、広東読みでガウナン、ウッチャンナンチャンはウンナン。紅焼牛腩と書いてホンシャオニュウナン。

牛バラ肉をじっくり煮込んでトロトロに。豚バラ肉はこってりになりますが、牛バラ肉だとあっさりに。出来上がりは、牛肉を箸で持っただけでホロホロになるほどやわらかく、濃厚な旨味があふれ出てくるほどにジューシー。ボリュームたっぷりのひと品です。

牛肉の角煮

つくり方

「玉葱、生姜を適当な大きさに切ります」という文章をたまに見かけることがありますが、「適当って何だよ！」って思った方いらっしゃいません？　辞書で調べてみました。「程よい大きさ」「手頃なサイズ」だそうです。「いい加減な大きさ」や「手を抜いたサイズ」という意味ではないというわけです。「適当」と「テキトー」の違いということになりますね。

がしかし、この料理の玉葱と生姜の大きさは、程よい大きさなのですが、手を抜いたサイズでもあるのです。なぜかというと、この後牛肉と一緒に長時間煮込むため、ほとんど溶けて原形をとどめなくなるので、大きさに極端に左右されることがないのです。ご安心ください。

では次に、大蒜を中華包丁の腹で叩き、軽くつぶしておきます。セロリはテキトーな大きさに切り、コレもまた包丁でつぶしておきます。

牛肉は20cm×20cm程度の大きさに切り、たっぷりのお湯で丁寧にアクを取り除きながら30分下ゆでし、取り出したら大きめのひと口大に切ります（脂身と肉のバランスを考えながら切ることがとても重要です）。

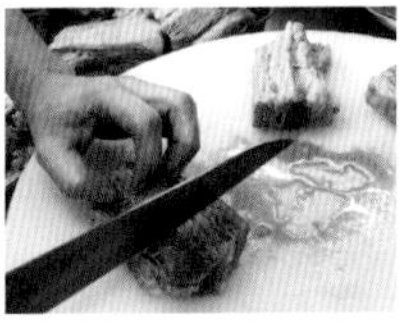

材料

【牛腩煮】（50人分）
牛バラ塊肉…14kg
玉葱…2個
セロリ…400g
大蒜…10片
生姜…2本
陳皮…6枚
鶏ガラスープ…4.5ℓ
紹興酒…お玉1杯
醤油…お玉半分
オイスターソース…お玉半分
砂糖…大さじ1と1/3
甜麺醤…お玉半分
胡椒…小さじ1
白絞油…お玉半分

【仕上げ】（2人分）

鍋に白絞油を熱し、先に大蒜を炒めて香りを立ててから生姜、玉葱を入れて一緒に炒めます。半分ほど火が通ったらセロリを加え、一緒に炒めます。鶏ガラスープ、紹興酒、醤油、オイスターソース、砂糖、甜麺醤、胡椒で味を調えますが、このときの味は下味なため、薄味にすることが大切です。

牛肉を入れて全体をなじませてから陳皮《チンピ》を入れ、蓋をしておよそ3時間煮込みます。じっくりと味が染み込み、箸で簡単に切れるほどやわらかくなった牛肉のつまみ食いをしたい衝動を極力抑え（抑えきれなかったら誰かに抑えてもらいましょう。それでもムリだと思ったなら食べてよし！）、ビジュアル最低最上級の極上カスを取り除き、冷蔵庫でひと晩寝かせます。

翌日。鍋に油を熱し、鶏ガラスープ、紹興酒、醤油を入れて温め、牛腩煮を加えたら弱火で5分ほど煮込みます。砂糖、甜麺醤、胡椒を加えて味を調えたら、水溶き片栗粉でとろみをつけて器に盛ります。鶏油を回しかけ、ドライパセリを振ったら完成。口の中で簡単に溶けてしまう食感と濃厚な牛肉の旨味をお楽しみください。

牛腩煮…6個
ドライパセリ…適量
鶏ガラスープ…250cc
紹興酒…大さじ3
醤油…大さじ3
砂糖…小さじ1
甜麺醤…大さじ3
胡椒…少々
水溶き片栗粉…適量
鶏油…小さじ2

視聴者の声
・なんだ？　このトロットロの物体は？？？　美味しいに決まってる♪（ぱない忍）
・深夜に見るもんじゃないな。お腹がなりまくってしょうがないよ。（森とも）

動画はコチラ

胡麻団子

芝麻球

冷めてもマジウマい。

芝麻球《チーマーチュウ》は週に3回、一度に500個ほど仕込みます。胡麻をつけた直後に急速冷凍をかけて保存。オーダーをいただいてから油で揚げる、というオペレーションです。どの食材でも同じことがいえますが、冷凍をする前と冷凍した後では、やはり物理的にも気持ち的にも美味しさに差が出てくるのではないかと思います。

最近は冷凍技術の発達と販売の拡充、配送の充実などにより、ほとんどの中国料理店で飲茶スタイルの点心が美味しく食べられるようになりましたが、店舗レベルでの「手づくり点心の店」というのは今どき希少《きしょう》ではないかと思います。もちろんその理由には冷凍食品のレベル向上と安価でお手軽、という要素があるからだと思います。しかし、手間も暇もお金もストレスもかかりますが、中華一筋厨房では手づくりを貫《つらぬ》いています。

そんな話を聞いたMGのゆったんが、「冷凍前の出来たてを一度食べてみたい！」と熱望するので、KMOは「胡麻になりたい！」という気持ちを前面に出しながら、冷凍前の芝麻球をアツアツに揚げて献上《けんじょう》。しかし、努力の甲斐《かい》むなしく予想外の忙しさで食べるタイミングを逃《のが》し、冷めてしまいました……。それでも「マジウマい！」とクリクリした目を輝かせていたゆったん。そうなんです。冷めてもマジウマいヤツなんです。

つくり方

胡麻団子

僕たち料理人は、皆さんご存じの通り「調理をする」という仕事が主ですが、「料理を食べる」という仕事も重要な要素なんです。

もちろん自分で調理をした料理もさることながら、仲間のつくった料理や、他のお店の料理を食べることは、味覚や知識の幅が広がり、ものすごく勉強になるんです。いや、もしかすると調理技術を習得するよりも果敢《かかん》にトライしなければならない要素なのかもしれません。

大食いYouTuberでもないのに、人間の三大欲求のひとつの食欲に直結することを仕事にできるなんて、素晴らしいと思いませんか？　それなのに、なぜ調理師を志す若者が年々減少の一途《いっと》をたどるのでしょう。

きっとまだまだ僕たちの力不足ということなのでしょう。

じゃ、「マジウマい」と笑顔で食べてくれる人のために一生懸命美味しい胡麻団子をつくりましょう。

まずはボウルに白玉粉、砂糖を入れて軽く混ぜ合わせ、水を加えて撹拌《かくはん》します。別のボウルには浮粉と片栗粉を入れて熱湯を加え、麺棒でよく混ぜ合わせます。ある程度練ったら白玉粉のボウルに移し、ラードを加えてよく撹拌します（撹拌する際の水の量や撹拌時間は気温や湿度などによってその

材料（300個分）

餡子…4.8kg
白炒り胡麻…3kg
白玉粉…4kg
浮粉…800g
片栗粉…200g
砂糖…2kg
水…3ℓ
熱湯…1.6ℓ
ラード…500g
揚げ油…適量

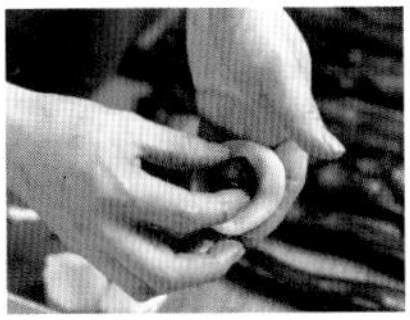

都度《つど》変化します)。よく混ぜ合わせてしっとりとした餅状になったら、包みやすいサイズに切り分けておきます。餡子《あんこ》は製餡所でつくられたものをやわらかくなるまで一度よくこね、棒状にまとめておきます。

餅を球状にしたら手のひらで押しつぶし、親指の腹でつくったくぼみに餡子をちぎってのせ、人差し指と親指の付け根で下から回しながら包んでいきます。

包み終えた団子の表面を霧吹きで濡らし、手のひらでやさしく表面が粘着するように丸めたら、バットに広げた胡麻の中へ入れ、まんべんなくしっかりと胡麻がつくようにさらに手で丸めます。

170度のたっぷりの油で揚げます。きつね色になり、浮いてコロコロ転がりだしたら上げ頃です。

外側はサクッと、餅は驚くほどやわらかく、餡子はサラリとしたやさしい甘さ。これがMGゆったんも大好きな中華一筋厨房自慢の、冷めても熱々でもマジウマい芝麻球です。

美味しいものをつくって皆を幸せな笑顔にすることができる素晴らしい職業「調理師」になりたくなってきましたよね?　ね?

視聴者の声

・餡はやはり専門性が高いですね。このご時世に、この仕事は素晴らしい。いろいろとあるとは思いますが、素晴らしい厨房スタッフにうらやましいと思ってしまいます。(SAPPORO 黒ラベル)

・ラード入っててびっくり。めちゃくちゃウマそう。(とまとん)

動画はコチラ

小籠包

小籠包

濃厚なスープを包み込む皮が決め手！

今や日本国内でも当たり前のように食べることができる大人気の点心「小籠包《ショーロンポウ》」。30年ほど前までは一部の店舗でしか食べることができませんでした。小籠包は１８７１年、上海嘉定《カテイ》区南翔鎮《ナンショウチン》の菓子店が発祥といわれています。

その魅力は、なんといっても肉汁たっぷりの餡とあふれる熱々のスープ、それを包み込む薄い皮のバランス。それがおいしさの秘訣です。

「日本初上陸！」というキャッチコピーで、さまざまな中国資本系の店があふれ、小籠包も一気にメジャー料理となりました。さらに冷凍技術の発達で手軽に食べることもできます。

そんななか、なかなか手づくりの小籠包を食べる機会が減ってきていると思いますが、いや、マジで手づくりはウマいんです。

小籠包

つくり方

「小籠包のつくり方を493文字以内でお願いします」と編集の方に言われました。嘘でしょ。調理工程多いのに……。そんなことを言っているうちにもう70字を越えてしまいました。ヤバい。

まずは小籠包を包む2日前までさかのぼります。鶏ガラスープに粉ゼラチンを入れて混ぜ、冷蔵庫でひと晩固めておきます。

翌日。固まった鶏ガラスープをみじん切りに。水分が出てしまわないように丁寧に切ることが大切です。白菜は少し粗めに。マイティ30に豚挽き肉、細めのみじん切りにした軟白葱と生姜、卵、チキンコンソメスープ、うま味調味料、塩、胡椒を入れて混ぜ、粘りが出てきたら醤油、鶏油、胡麻油を加えます。さらに白菜を加えて軽く混ぜたら、ゼラチンスープを入れて軽く混ぜます。バットに隙間なく丁寧に入れて冷蔵庫でひと晩寝かせます。

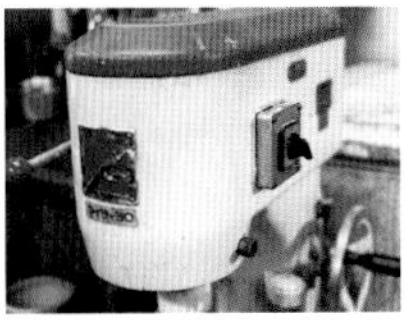
マイティ30

皮は材料すべてをマイティ30に入れて練り、打ち粉をしてタオルをかけて常温で3時間寝かせます。寝かせた皮は薄皮にしても破れない弾力性を持ち、2日かかった餡は程よいかたさで包みやすくなっています。後は、上手に包んで6分蒸したら出来上がりです。強引におさめました。

材料（300個分）

〈皮〉
強力粉…2.5kg、老麺《ロウメン》…250g、砂糖…125g、水…1.4ℓ、ラード…40g

〈餡〉
豚挽き肉…2kg、白菜…1.2kg、軟白葱…100g、生姜…100g、卵…4個、粉ゼラチン…68g、鶏ガラスープ…4.5ℓ、顆粒チキンコンソメスープの素…100g、醤油…33cc、うま味調味料…60g、塩…20g、胡椒…大さじ1と1/3、鶏油…220g、胡麻油…60g

動画はコチラ

相棒
No.1

包丁

中華包丁を制する者は文武両道を制す

中華包丁は、人差し指で包丁の側面をしっかりと支えて持つことで横ブレせず、正確に切ることができます。ある程度慣れてきたら手首のスナップを利用し、包丁そのものの重さで切るようにすると、どんな食材を切っても疲れが少なく、切れ味が鋭くなります。

中華包丁は、肉や魚をスパッと大胆に切るのはもちろん、野菜の「飾り切り」や、小さな骨を「砕《くだ》く」、大蒜や生姜を「叩く」「つぶす」など、独自の形を最大限に利用した切り方ができ、さまざまな食材に適応可能な万能包丁です。

片刃《かたば》、両刃《りょうば》、厚刃《あつば》、薄刃《うすば》など刃の種類に加え、大きさや材質などさまざまな種類がありますが、中華一筋厨房では、台北西門《タイペイシーメン》の老舗《しにせ》包丁専門店の永興隆《ヨンシンロン》さんとのコラボでオリジナル包丁をつくりました。中でもチーフがデザインしたイチナベさん愛用の「文武刀包丁２０２０年中華一筋限定モデル」は、大きさの割には軽いボディで、樽形《たるがた》のグリップがとっても心地いいタイプ。さらに、この7寸文武刀は、小さな骨をも砕くことができる万能包丁で、「この包丁を使いこなすことは文武両道《ぶんぶりょうどう》を極めることに通じる」ともいわれているようです。

文武両道を極めるべく、これからも毎日長い時間をともにする心から愛すべき相棒です。

其の二

白飯が欲しくなる中華なるおかず

白飯をいかに美味しく食べるか、そのことだけを考え、
日々、最強のおかずを探すことに命をかけている——。
白飯を愛してやまない皆さんは、
口をそろえてそうおっしゃるでしょう。
そんな白飯ラバーの皆さん、お待たせしました。
今すぐホカホカアツアツ炊きたての白飯を茶碗に盛って、
本章をお読みください。
活字を読み進めるだけで、山盛り５杯はいけるでしょう。
締めにはマネユカの杏仁豆腐をお楽しみください。

脇屋友詞直伝

凍り豆腐と鶏肉の春雨煮込み

鶏塊老豆腐

脇屋友詞《わきやゆうじ》シェフが本書のために伝授。

イケメンがコックコートを着たらなぜか映えます。そして、イケメンというだけで出来上がる料理も繊細で美味しそう。僕たちのような油まみれの変態料理人からしてみたら、雲の上の存在。中国料理界には、そんな燦然《さんぜん》と光り輝くイケメンシェフのレジェンドがいます。

上海料理の伝統を軸に、「トゥーランドット臥《が》龍居《りゅうきょ》」をはじめとするモダンチャイニーズを東京や横浜に展開するオーナーシェフ、脇屋友詞氏。脇屋さんは「ヌーベルシノワ」を日本に確立した第一人者で、「料理の歴史を10年早めた男」といわれているご存じアイアンシェフ。そんな脇屋さんから本書のためだけに伝授していただいた、凍り豆腐と鶏肉の春雨煮込みです。

脇屋友詞直伝 凍り豆腐と鶏肉の春雨煮込み

つくり方

まず豆腐を冷凍庫でひと晩凍らせます。豆腐を冷凍することってあまりなじみがないように思えますが、冷凍すると水分が抜け、肉のような弾力ある食感に変身するんです。しかも、豆腐そのものの風味を残しつつ、味が染み込みやすくなるので、煮込み料理などにはぴったりな食材に変身します。凍らせた豆腐は解凍してから20分蒸します。

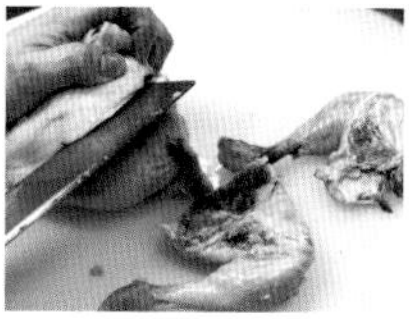

若鶏肉に塩を塗り、30分ほど置いたら20分ボイル。さらに、15分蒸らして火を入れます。その後、すべての骨を外し、骨はスープに入れ、肉は各部位ごとに切り分けます。

鶏ガラスープを強火で炊きながら白湯《バイタン》にし、ひと口大に切った豆腐と春雨を加えて30分ほど煮ます。老酒《ラオチュウ》、塩、胡椒で味を調え、豆腐に味が染み込んできたら、豆腐と同じ大きさに切ったもも肉を加え、ひと煮立ちさせたら葱油を加えて出来上がりです。

若鶏の上品な旨味をまとった不思議な食感の凍り豆腐は口の中でやさしく溶け、白湯スープをたっぷりと吸った春雨は、脇屋さんの人柄とセンスのよさを垣間見ることができるような心地よい美味しさです。

材料（4人分）

若鶏肉…1羽分、木綿豆腐…1丁、春雨（水で戻したもの）…250g、塩…15g

〈白湯スープ〉
鶏ガラスープ…800cc、老酒…大さじ2、塩…適量、胡椒…適量、葱油…大さじ1

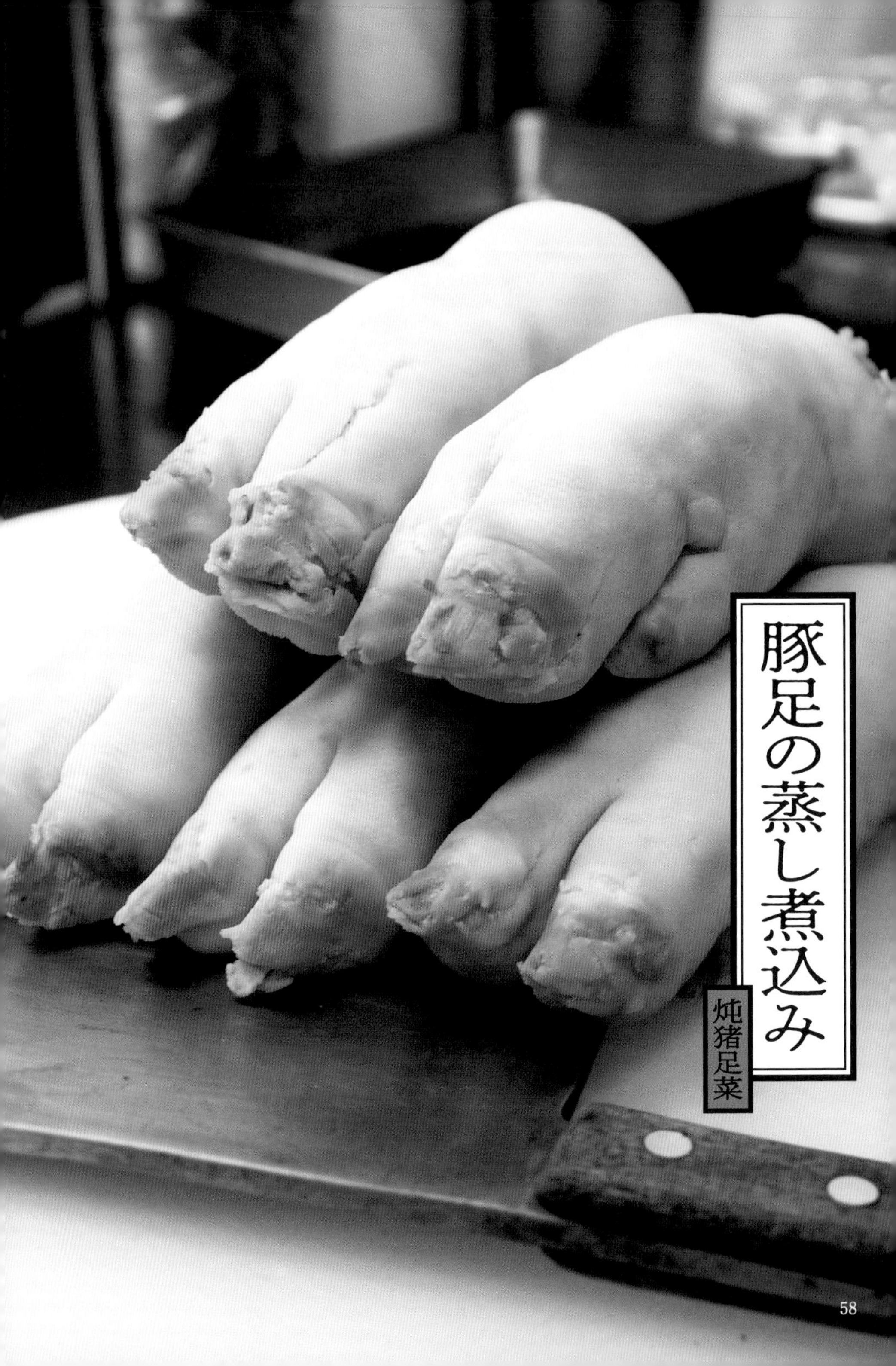

豚足の蒸し煮込み

炖猪足菜

調理時間は約30時間。

皆さま、豚足はお好きでしょうか？

最近はスーパーや居酒屋などでもたまに見かけるようになりましたが、豚足を食べるという習慣は、沖縄方面を除いて、日本人にはあまりなじみがないのではないかと思います。

でもコレ。はっきりいって、本気と書いてマジでウマいのです。皮と筋、軟骨を含んだコラーゲンが加熱によってくっきりとゼラチン質に変化。食べたときに口の中や口のまわりにネットリベッタリまとわりつくあの独特な感覚にウットリし、ゆっくりと焦《じ》らしながらガッツリ食べたくなるほどムッチリセクシーな美味しさなんです。

そのセクシーさはコラーゲンの女王さま、ふかひれの姿煮をも彷彿《ほうふつ》とさせるしっとりとしたお色気ムンムンなＫＭＯ大喜びのひと品なのですが、まったりとした色気が出るまでには人間の女性同様やはり大人の階段を登らなくてはなりません。

一見恐ろしいナタにも見えるような厚刃包丁で、豚足をサイコパスの如くざっくり縦割りにしたらしっかりボイル、醤油でガングロお肌に調えたらさっぱり素揚げ、さらにぐっしょりと蒸して、じっくり煮て……そこまで手をかけて初めてセクシー豚足と呼べるのです（呼んでいるのはＫＭＯのみ）。

つくり方

豚足の蒸し煮込み

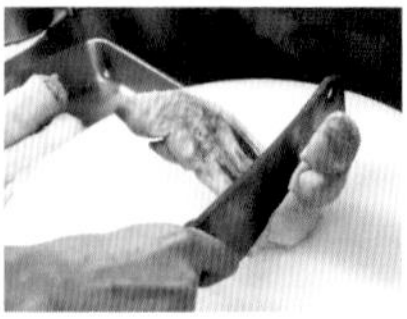

まずは、思うがままに豚足をぶった切ってください。そしてたっぷりのお湯に長葱と生姜、豚足を入れて30分丁寧にアクを取りながらゆでます。ボウルに取って醤油を絡ませ、ガングロお肌に調えるのですが、白い肌がお好みであればこの工程はなくても結構です。

では170度の油で素揚げしていきましょう。素揚げすることによって、取り残されたムダ毛がきれいになくなり、よりセクシーさに磨きがかかります。これ重要。やはりどんなに目を引く美脚でも、ムダ毛が目立っていたら台無しです。しかもレーザーなんて必要ありません。激熱の油の中へぶっ込むだけです。つまり、素揚げという名の最新脱毛ビューティーサロンでもあるのです。

蒸しダレの材料を火にかけてタレをつくったら、豚足を浸して一緒に蒸すこと50分。きめ細かなお肌に潤《うるお》いを与えるためにも一度じっくりとサウナに浸かって汗を流してもらう必要があります。そして、もしかするとすでにお気づきの方もいらっしゃるかと思いますが、このセクシー豚足ちゃん。ドSなんです。

材料

【豚足蒸し】（6人分）
豚足…5足
長葱…250g
生姜（大）…1本
醤油…適量
揚げ油…適量

〈蒸しダレ〉
鶏ガラスープ…お玉6と1/2杯
醤油…お玉2/3杯
オイスターソース…お玉1/5杯
料理酒…お玉1/4杯
砂糖…ひとつまみ強
塩…ひとつまみ弱

【仕上げ】（1人分）

とにかく焦らしてきます。しかもここからさらなる焦らしが始まります。なんと50分蒸した激熱豚足の粗熱を取り、ひと晩冷蔵庫で寝かせるという工程をはさまなければならないのです。

ひと晩寝かせることにより、味がなじみ、コクが生まれ、角が取れてまろやかになります。やはり内面からあふれ出る美しさに勝るものはありません。そしてそれをつくるには時間がかかるということですね。昨日のカレーがウマいことにもうなずけるのではないでしょうか。

さぁ、ついに仕上げです。油を熱した鍋に鷹の爪を入れて香りを出し、1㎝幅に切った長葱と生姜を加えたら、蒸しダレと豚足蒸しを加えて炒め、オイスターソースと砂糖で味を調えます。さらに、老抽王で色づけし、水溶き片栗粉でとろみをつけ、胡麻油で香りを際立たせたらやっとやっとやっと。完成です！

丁寧に時間をかけて調ったすべすべ艶々のお肌。肉厚に見えてとろけるようなやわらかさ。ひと口かぶりつけばあふれ出る旨味と、容赦《ようしゃ》なくまとわりつくゼラチン質のコラーゲン。かといってしつこくなく、さっぱりとした味わい。飴とムチ。押して引いてを絶妙に使いこなす。これぞＫＭＯが自負《じふ》するセクシー豚足の実態。

いかがでしょう。サイコパスのようにぶった切ったときからすでに約30時間。せっかちな方には味わえないマジウマいひと皿です。

豚足蒸し…5切（1本を1/6にカット）
長葱…30g
生姜…10g
鷹の爪…2本
蒸しダレ…300cc
老抽王…少々
オイスターソース…適量
砂糖…適量
水溶き片栗粉…適量
胡麻油…小さじ1

視聴者の声

・豚足好きにもキツイ動画でした。まさにプロの料理！　って感じ。(black)
・なんですべてのものに、ここまで本気で下ごしらえ、調理ができるのか…。これがプロの本気……。(もさ)

動画はコチラ

砂肝と葱ミョウガのマーラー和え

葱姜拌鶏肫

砂肝の美味を追求したい。

ビールに合うおつまみランキングで、不動の第2位に君臨し続けている焼き鳥。中でも特にコリコリとした歯応えとオリジナリティ豊かな香りで世のオジサマたちを夢中にさせている砂肝。

そもそも砂肝が何のどこの部位なのかご存じでしょうか。砂肝は鶏の胃袋を指します。鶏は歯がないため食物を細かく砕くために胃の一部に砂を保持し、そこで食物を砕きます。筋肉が発達しているため、あの独特なコリコリとした食感を生み出すのです。クセがなく、脂肪もほぼなく、鉄分やタンパク質を多く含み、カロリーも控えめというダイエット効果もある理想の食材のひとつです。ということは、才色兼備《さいしょくけんび》で美意識高いマネユカが大好きだ。というわけです。しかし、顔を撮影しようとすると叱られる。というわけです。

砂肝と葱ミョウガのマーラー和え

つくり方

まずは砂肝を掃除しましょう。水でよく洗ったら、砂肝についている銀皮《ぎんぴ》（筋の部分）をきれいにナイフで削ぎ切りします。その後細かく切れ目を入れていきます。そうすることで火が通りやすくなり、味もよく入り、歯応えも程よくなります。

次にたっぷりのお湯でボイルし、160度の油でゆっくりと丁寧に素揚げをしてあげます。

薬味の軟白葱とミョウガは絲《スー》切りにします。大きめのボウルに豆板醤を入れ、その上から軟白葱、ミョウガの順に入れます。

大豆油、胡麻油、花椒油《ホアジャオユ》、落花生油、辣油をブレンドし、煙が立つくらいの高温で熱します。それをボウルに入れた軟白葱とミョウガの上からジューッジューッとかけ、砂肝を加えたら塩、うま味調味料を振り、ボウルをあおるように混ぜ合わせます。皿に豪快に盛りつけた後、花椒粉《ホアジャオフェン》をパラパラとかけたら出来上がりです。

ひと口食べて出たマネユカの言葉は、やはり安定の「ん〜ふ〜」だったということは言うまでもありません。

材料（6人分）

砂肝…500g、軟白葱…1本、ミョウガ…3個、豆板醤…小さじ2、花椒粉…小さじ1/2、うま味調味料…小さじ1と1/2、塩…小さじ2、大豆油…大さじ3、胡麻油…小さじ2、花椒油…大さじ2、落花生油…大さじ1、辣油…大さじ1、揚げ油…適量

動画はコチラ

菰田欣也式 魚香茄子

魚香茄子

火鍋伝道師・菰田欣也《こもだきんや》が教えてくれた味。

みんな大好き永谷園でおなじみの麻婆茄子。実は、日本生まれの中国料理だということを皆さんご存じでしたでしょうか。

今や日本の食卓に違和感なく鎮座《ちんざ》していますが、もともとは中国四川料理の魚香茄子《ユイシャンチェズ》という料理がルーツで、それを日本人になじみやすいようにアレンジしたのが、麻婆茄子の発端のようです。

「魚香」とは、泡辣椒《パオラージャオ》という唐辛子を塩漬けした乳酸発酵調味料の辛味と、大蒜、生姜をきかせ、酢を隠し味に使った風味のこと。「魚香味」は、魚そのものを使わずに魚のような旨味を生み出す、四川独特の調味法です。

その魚香茄子といえば、中華一筋厨房にはひとつのよい思い出があります。

今からさかのぼること数年前――。

テレビや雑誌などに引っ張りだこの菰田欣也氏が、赤坂四川飯店の総料理長だった頃、中華一筋厨房で丁寧につくり方を教えてくれた魚香茄子。まさにマジウマいでした。

そのウマさが忘れられないチーフとイチナベさん。というわけで、菰田欣也式魚香茄子のつくり方を皆さんにもおすそ分けです。

菰田欣也式 魚香茄子

つくり方

まず、菰田欣也って名前、カッコよすぎません？

こんなカッコいい名前そうそうないですよね。それなのに料理のセンスもX-GUNで、頭脳もめちゃめちゃ明晰《めいせき》で、都内に飲食店を4店舗も展開する経営手腕《しゅわん》の持ち主で、さらにはテレビや雑誌に引っ張りだこで、オマケにゴルフの腕も一流という、本当に神様はいるのか？ って思えるほど才能にあふれた方ではないかと思っています。

そんなセンスの塊、菰田欣也式魚香茄子は、まず軟白葱と大蒜、生姜をみじん切りにすることから始まります。

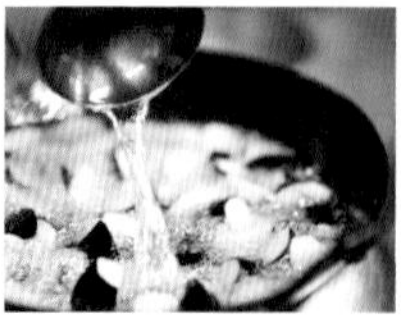

メイン食材の茄子は、ヘタを取ってから乱切りに。

そしてこの料理に必須の泡辣椒は、種を丁寧に取り除いてからみじん切りにします。

次に鍋に油を熱し、豚挽き肉を脂が透明になるまでよく炒め、紹興酒、醤油、甜麺醤を加え、炸醤《ザージャン》（肉味噌）をつくります。

茄子は170度のたっぷりの油でじっくりと油通ししましょう。

次に、鍋に油を熱し、みじん切りにした大蒜と生姜を焦が

材料（4人分）

茄子…10本
軟白葱…1/2本
大蒜…3片
生姜…1/2本
泡辣椒…2本
鶏ガラスープ…250cc
紹興酒…大さじ1
醤油…大さじ1
酢…小さじ2
砂糖…小さじ2
酒醸…大さじ3
郫県豆瓣醤…大さじ3
胡椒…少々
水溶き片栗粉…適量
〈炸醤〉
豚挽き肉…200g
紹興酒…10g

さないように炒め、酒醸、泡辣椒、郫県豆瓣醤と順に加えながらさらに炒めます。

　香りが立ってきたら鶏ガラスープ、紹興酒、醤油、砂糖、胡椒、炸醤、みじん切りにした軟白葱を加えて煮込みます。一度味見をし「すでにウマい！」とドヤ顔をキメたら、ちょっとソースが濃いめのタイミングで茄子を加え、水溶き片栗粉でとろみをつけ、仕上げに酢を加えて味をシメたら出来上がりです。

　トロトロの茄子に絡みつく香り高いソースは、白飯にもビールにもX-GUNに合うひと品です。

　調理の重要なポイントは、いかに菰田欣也になりきって調理をするか、ということに尽きます。

これはぜひ
ご家庭でも挑戦して
いただきたい！
ドヤッ！

醤油…9cc
甜麺醤…20g

視聴者の声

・麻婆茄子と魚香茄子の違いはわかりましたが、中華材料屋さんにあるだろうか？　あっても、もて余すだろうし…。まー、中華料理の奥深さ、各地域に根差した在り方（日本生まれの中華料理、海南風、マレーシア風、アメリカやヨーロッパ風もあるのかな？）もわかる逸品ですね。（岩田雄治）

動画はコチラ

カリフラワーとブロッコリーと豚肉と私

炒肉片双花菜

美味しさの後押しは「楽しむ」です。

カリフラワーとブロッコリーって何だか似ています。

それもそのはず、どちらもアブラナ科のキャベツの仲間で、ブロッコリーが突然変異し、花蕾《からい》が白化したものがカリフラワーなんだそう。そしてそのどちらも栄養価がとても豊富な野菜で、疲労回復、風邪の予防、ガン予防、老化防止、整腸作用、アンチエイジングなどに超効果的という、思わず右眉が上がってしまいそうになるほど魅惑の神野菜のようです。

というわけで「カリフラワーとブロッコリーと豚肉」ですが、3つの事柄を「と」いう助詞を使って並べるとどうしても名曲『部屋とYシャツと私』を思い出してしまい、その日一日中脳裏《のうり》で延々と流れてしまってつい口ずさんでしまおうものなら「懐かし〜」とか「古っ」とか言われてしまい、「何で脳内にとどめておけない?」って思う自分がいるのですが、皆さんはいかがでしょうか? まぁ、いつの時代も名曲というものは何かのきっかけでヒョイと現れてくるものなんだと、改めて思う今日この頃なのですが、浮気をしてしまえば毒入りスープを飲まされて無理心中させられてしまうという猟奇的《りょうきてき》な要素を含んだ歌詞の内容は、当時の女性たちに共感を得た部分なのかもしれませんね。

で? 何の話でしたっけ??

カリフラワーとブロッコリーと豚肉と私

つくり方

「好きこそものの上手なれ」。どんなことでも人は好きなものに対しては熱心に取り組むため上達が早いよということですが、料理もやはり楽しみながらつくることが大切です。

まずは、深呼吸して鼻歌を歌いましょう。鼻歌を歌うと自然と笑みがこぼれてリラックスしてきます。曲はもちろん『部屋とYシャツと私』です。さぁ、準備はいいですか？

カリフラワーとブロッコリーはひと口大に切り落とし、丁寧に面取りします。通常あまり使われないブロッコリーの芯（茎）の部分だって今回は主役級の役割があるんです。皮をむき、5〜6cmの長さの絲に切りそろえます（コイツが最終的にサイコーの演出を施してくれます）。

豚もも肉は片にスライスし、料理酒と塩、胡椒、卵、片栗粉、白絞油で下味をつけておきます。朝天辣椒《チャオティエンラージャオ》は縦半分に切り、種を取り除きます。

次に、合わせ調味料をつくりましょう。ボウルに入れた鶏ガラスープに塩、うま味調味料、オイスターソースを合わせ、よく混ぜ合わせておきます。

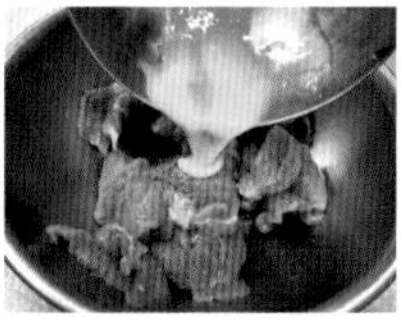

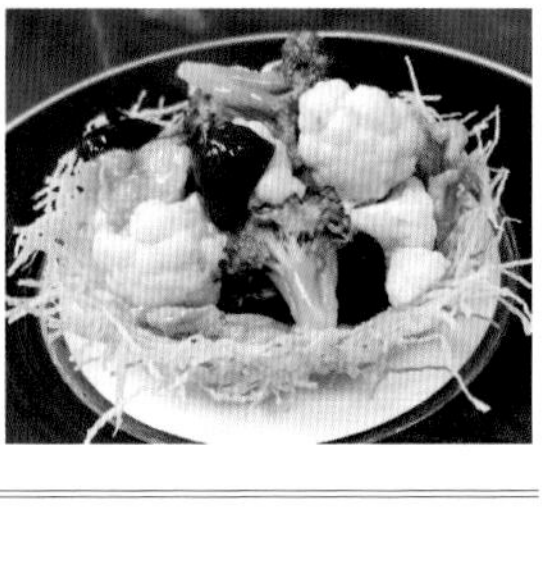

材料（2人分）

豚もも肉…130g
カリフラワー…1/2個
ブロッコリー…1/2個
朝天辣椒…3個
片栗粉…適量
紹興酒…大さじ1
胡椒…少々
水溶き片栗粉…適量
鶏油…大さじ1
揚げ油…適量
〈合わせ調味料〉
鶏ガラスープ…100cc
オイスターソース…小さじ1
うま味調味料…少々
塩…小さじ1/2

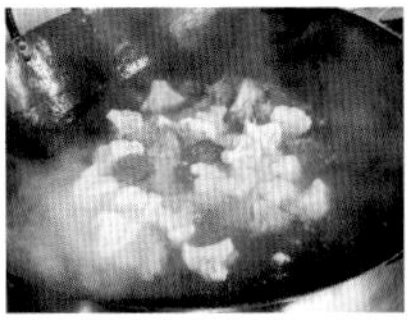

先程切ったブロッコリーの芯に薄く片栗粉をまぶして型枠に入れ、170度の油でカラッと揚げ、薄黄緑色の雀巣《ジャンスウ》（172ページ参照／ベジタブルバスケット）をつくります。ひと口大に切ったカリフラワーとブロッコリーは、低温の油で一度油通しをして発色をよくし、油切りした後にさっとボイルします。

次は豚肉の油通しです。160度の油でゆっくりと熱を通したら油をよく切っておきます。

さぁ！　すべての準備が整いました。いよいよ仕上げです。

鍋に油を熱し、朝天辣椒を軽く炒めて香りを出したらカリフラワーとブロッコリーと豚肉を入れます（Yシャツは入れません）。さっとあおったら朝天辣椒の種を入れますが、コイツはなんせ激辛ですので注意が必要です。次に紹興酒を鍋肌から入れ、胡椒を振ります。合わせ調味料を入れたら、水溶き片栗粉でタレが流れない程度にとめ、鶏油を回しかけてお皿にのせたヤツ（雀巣／ベジタブルバスケット）の中へ丁寧に盛りつけたら完成です。

やわらかな黄緑の籠の中には濃い緑のブロッコリーと、薄いオフホワイトのカリフラワー、艶のある豚肉と朝天辣椒の紅が映えに映えて、鼻歌で歌っていたあの曲もいつしかガチの熱唱に変わっていることでしょう。愛しさと切なさと心強さと。

〈下味〉
溶き卵…1/5個分
片栗粉…適量
料理酒…小さじ2
塩…少々
胡椒…少々
白絞油…適量

視聴者の声

・我が家の冷蔵庫に欠かさない食材がブロッコリーとカリフラワー。豊富なビタミンCを摂取して、免疫力アップになるように食べています。豚肉もビタミンB_1が多いので冷凍室に常備してあるのですが、冷蔵室でゆっくり解凍して出番を待っている豚バラ肉を使って晩ご飯のおかずにつくってみます:)（shi0711）

動画はコチラ

海老と彩り野菜の黒胡椒炒め

黒椒蝦球

「マジウマい」が聞きたいだけなんだ。

人は誰のために料理をつくるのでしょう？

疲れて帰ってくる夫のため。

お腹が空いたと騒がしい子どもたちのため。

愛する恋人のため。

いつも贔屓《ひいき》にしてくれるお客さんのため。

ともに働いている仲間のため。

そして自分のため。

すべてにおいて共通していることは「食べる人のマジウマいを聞くため」ではないでしょうか。

マジウマい。それは誠心誠意心を込めて料理をつくった人に対しての感謝の表現でもあります。

がしかし、マズイ料理をつくった日には感謝されることは難しい。そんな方にはコレをおすすめいたします。よっぽどの海老嫌いではない限り、マジウマいと感謝されることは間違いありません。

海老と彩り野菜の黒胡椒炒め

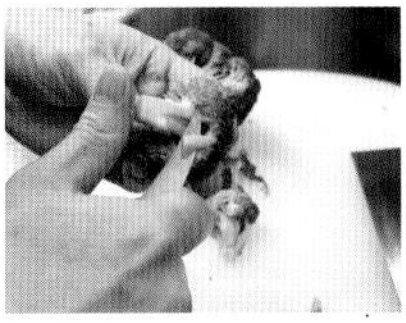

つくり方

ブロッコリーはひと口大に切り落とし、面取りをします。軟白葱はハス切りにし、パプリカは三角形の片切りです。ひと口大のマッシュルームはそのままで（生のマッシュルームがない場合はエリンギなどでも代用できます）。

ブラックタイガーは皮をむいてから背割りし、卵白と片栗粉で薄く衣をつけ、油を少量まとわせます。背ワタがある場合は丁寧に取り除きましょう。合わせ調味料はボウルに入れ、混ぜ合わせておきます。

ブロッコリーをさっと油通しし、たっぷりのお湯でボイルします。この2つの工程での火入れ加減は6割程度です。次にブラックタイガー、マッシュルーム、パプリカ、軟白葱の順に、火入れの逆算をしながら油通しし、しっかりと油切りをしておきます。

熱した鍋に少量の油を入れ、豆板醤と黒胡椒を炒めて香りを際立たせたら、すべての食材と合わせ調味料を鍋に加えます。料理酒を鍋肌から回しかけひとあおりしたら、水溶き片栗粉でタレが流れない程度に軽くとめ、蝦油で香りづけをしたら出来上がりです。この料理にもれなくついてくるオマケは、食べる人の「マジウマい」です。

材料（2人分）

ブラックタイガー…10尾、ブロッコリー…30g、赤パプリカ…25g、軟白葱…15g、マッシュルーム（ブラウン）…5個、料理酒…大さじ1、豆板醤…少々、黒胡椒…小さじ1、水溶き片栗粉…少々、蝦油…小さじ2

〈合わせ調味料〉
醤油…大さじ1と1/2、老抽王…少々、オイスターソース…大さじ1弱、砂糖…小さじ2、うま味調味料…少々、塩…少々、水…大さじ2と1/2

〈下処理〉
卵白…適量、片栗粉…少々、油…少々

動画はコチラ

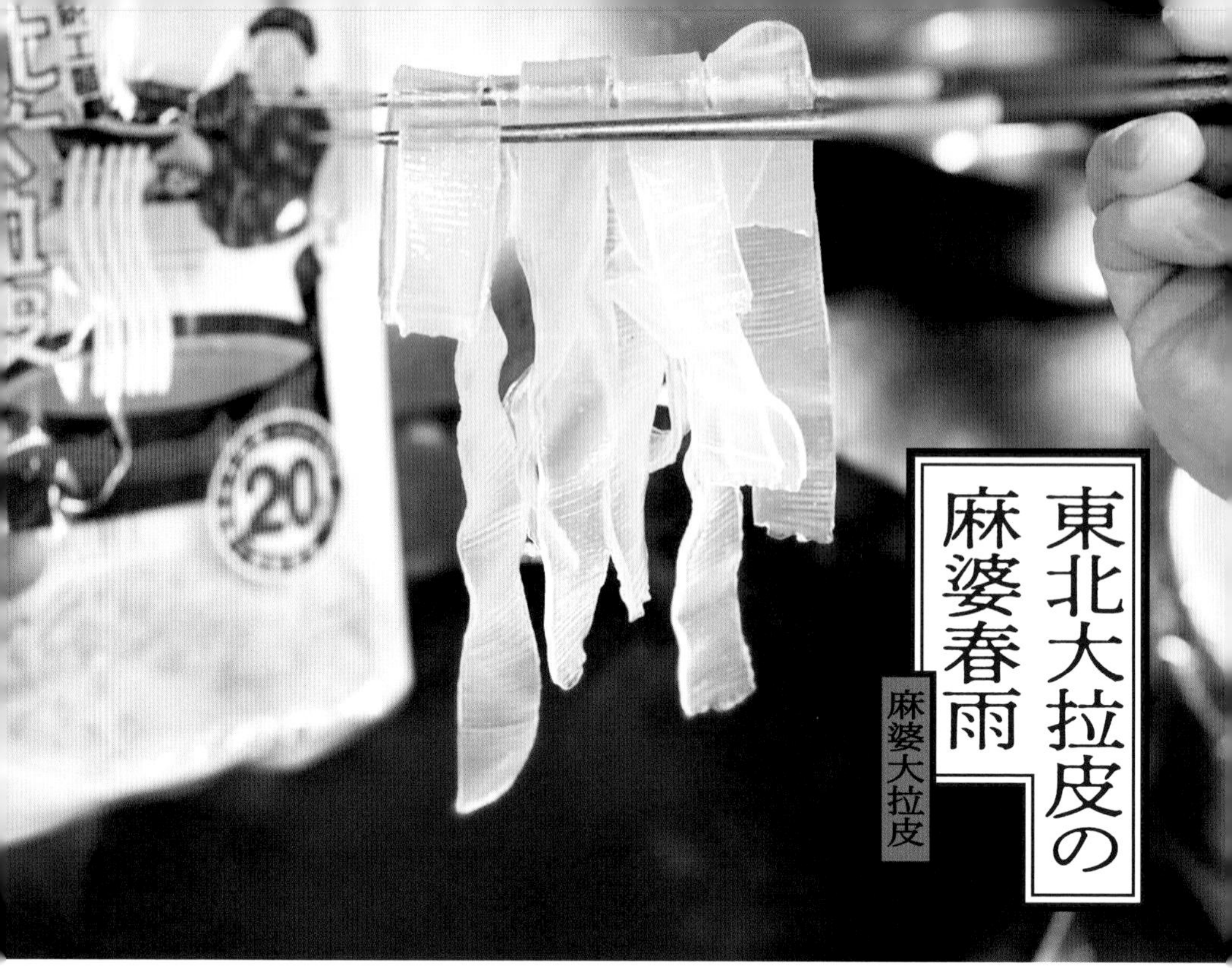

東北大拉皮の麻婆春雨

麻婆大拉皮

口腔内で感じる美しさ。

モンゴルやロシアに近く、中国の中でもまさに「東の北」に位置する黒龍江《コクリュウコウ》省など、「旧満州」とかつて呼ばれた地域の東北料理は、羊肉や豚肉を使ったスパイシーな料理が多いことで有名です。そんなエスニック好きにはたまらない今回の料理のメイン食材は、パッケージの女性のイラストの表情にたまらない癒しを覚える東北大拉皮《ダーラーピー》。

その正体は春雨ですが、通常の細い春雨ではなく、まるで定規のように太い形をしています。実はこの定規、炒めものから煮もの、鍋の材料からサラダまで、どんな料理にもマッチする万能食材。旨味をジュルッと吸い込んだ極太ボディはムッチムチのツルツル！　ＫＭＯのハートをわしづかみにするこのエロデンジャー食材を使って、今回は麻婆春雨にしてみました。

東北大拉皮の麻婆春雨

つくり方

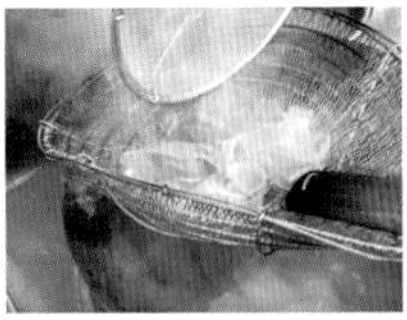

大拉皮はあらかじめ水に40~50分ほど浸し、さらに10分ほどボイルをして戻し、水にさらしておきます（水にさらしておかないとくっついてしまうので注意です）。軟白葱はみじん切りに。

豚挽き肉は醤油、料理酒、甜麺醤でよく炒め、炸醤（肉味噌）をつくっておきます。

熱した鍋に多めの油を入れ、豆板醤、おろし大蒜、刻み豆豉を入れ、軽く炒めて香りを出します。

次に鶏ガラスープ、醤油、料理酒、砂糖、炸醤を加え、大拉皮を入れたらしばらく煮込んで味をよく染み込ませます。

味見をしながら煮詰め、ある程度水分が抜けて大拉皮のデンプン質が程よいとろみをつけてくれたら軟白葱を加え、辣油を回しかけ、大きめのお皿に盛りつけたら出来上がりです。

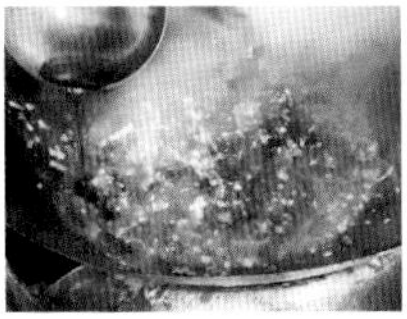

箸でつまむのが難しいこの料理。口に入れた瞬間、今まで食べたどの食材とも似つかない未知なるエロさを醸《かも》し出してきます。口当たりが心地よく、パッケージに描かれた女性のイラストの表情同様に癒される極上のひと品、間違いなしです。

材料（4人分）

東北大拉皮…90g、軟白葱…1本、おろし大蒜…小さじ2、鶏ガラスープ…450cc、醤油…大さじ3、料理酒…大さじ1と1/2、砂糖…大さじ1、刻み豆豉…大さじ2、豆板醤…大さじ3、辣油…大さじ2

〈炸醤〉
豚挽き肉…200g、醤油…大さじ1、料理酒…大さじ1、甜麺醤…大さじ2

動画はコチラ

王さんの人参料理

王師博的紅夢料理

本当にあった怖い料理。

レストラン規模の厨房で働く料理人たちのまかないは、だいたい入社1〜2年くらいの見習いスタッフが担当することが多いと思います。ともに働く仲間たちのためにまかないをつくり、意見や感想を聞き、腕を磨くという場でもあり、新人スタッフがある程度自由な発想でそれぞれの献立を組むことができるという、センスが試される場でもあります。

もちろん中華一筋厨房も昔は例外ではなく、まかないは新人2年目からの担当業務で、チーフもイチナベさんもつくっては怒鳴《どな》られ、味を直され、捨てられ、マズイマズイと罵《ののし》られ、料理人自体を辞めたくなるような大変な思いをして今があります。

しかし、近年は、スタッフ交代で協力しながらつくろうという習慣がついていました。YouTube を始めるまでは。

最近は当たり前のようにイチナベさんがつくるようになり、食べる側も当たり前のようにイチナベさんに食べたいまかないの要望を押しつけていますが、何だかんだ楽しみながらまかないをつくるイチナベさんのバイタリティは本当に頼もしい限りです。

このページは、そんなチーフとイチナベさんの厳しい先輩料理人、王《ワン》さんが得意としていたまかない料理です。

つくり方

王さんの人参料理

王さんが得意としていたまかないのバリエーションは多岐《たき》にわたりますが、つくり方をお話しする前にどうしても王さんの特徴から伝えなければなりません。髪は角刈りで、丈の長いダラッとした白衣の開襟《かいきん》シャツの奥から極太の金のネックレスが煌びやかな輝きを見せ、常にくわえタバコで、軍足靴下にサンダル履き、声が大きく、感情の起伏《きふく》が超激しいという、いわゆる「付き合いにくい昔ながらの中国職人」というイメージ。料理もインパクト絶大のちょっと怖いイメージのものを得意としますが、残念ながらそれが不思議とウマいため、傍若無人《ぼうじゃくぶじん》な振る舞いにも目をつむってしまうのです。

では、つくり方ですが、人参は皮をむき絲切りに。

豚バラ肉も同様に絲切り。ハイ準備完了です。

よく熱した鍋に油を引き、豚肉を炒めます。ある程度火が通ったら人参を加えて炒めます。さらに、台湾米酒をびっくりするくらい入れて炒めます。ある程度なじんだら鶏ガラスープ、うま味調味料、砂糖、塩、胡椒を加えますが、胡椒は自分が「多い」と思う10倍の量を入れてください。振り数にしたら30振りです。

材料

【王さんの人参料理】（4人分）
豚バラ肉…200g
人参…3本
台湾米酒…1/7瓶
鶏ガラスープ…お玉1と1/3杯
砂糖…ひとつまみ強
うま味調味料…ひとつまみ強
塩…ひとつまみ
胡椒…30振り

【人参炒飯】（1人分）
人参…2/3本
白飯…280g
醤油…少々
うま味調味料…小さじ1

　そうなんです。王さんの料理は怖いんです。彼の中には「普通」という日本人が大好きな輝く2文字が残念ながら存在しません。とにかく右腕が痛くなるほど胡椒を振ったら強火で煮込み、乳化させていきます。スープに粘性が出て、人参のオレンジ色が移り、カレーのようなビジュアルに変化してきます。さらに煮詰め、ある程度汁気がなくなったら完成です。

　次に、人参炒飯です。サイコロよりもちょっぴり小さめのダイスカットにした人参を炒めます。そこへご飯を入れ、醤油、うま味調味料、塩、胡椒を加えて炒め、最後に胡麻油を垂らして出来上がりです。

「台湾米酒と胡椒の強烈な香り」というなじみの薄いパンチ力に圧倒されつつも、結局「マジウマい」とつぶやいてしまうほど美味しいこの人参料理は、火傷《やけど》をしたら歯磨き粉を塗られ、指を切ったら胡麻油を塗って白菜の葉を巻かれるという、荒めの東洋医学治療を強制的に行う王さんの思いつきまかない料理です。

　チーフもイチナベさんも、王さんには本当に散々な目に遭《あ》わされてきましたが、彼独特の厳しい接し方があったからこそ、今こうして賑やかに毎日を送れているのかもしれません。「意志のあるところに必ず道は開ける」ということなのでしょう。

塩…小さじ1
胡椒…少々
胡麻油…少々

視聴者の声
・厳しい王さんがいたから今のイチナベさんがいるんですね。毎日の動画のため、スタッフのまかないのため…イチナベさんありがとうございます。
(かたぼるくん)

動画はコチラ

ゆったんの大根漬け

萌妹的醤蘿蔔

オッサンたちが大喜びする漬けもの。

醤蘿蔔。読めます？　読めませんよね。ジャンローボーといいます。はい、単なる漬けものです。大根の。なんですけど、侮《あなど》ることなかれ！　なかなかなヤミツキのウマさで、中華一筋厨房スタッフ全員が虜《とりこ》になっている逸品でもあり、知る人ぞ知る中国料理の代表的な漬けものでもあります。

　その見た目は、ちょっぴり濃い系の奈良漬け的なビジュアルを呈《てい》しているのですが、味は割とあっさりとしていて、心地よいパリパリの食感と花椒の程よい香りが、白いご飯とのマッチングをやさしくサポートしてくれる、ある意味最強の出会い系サイトとでも呼べそうな醤蘿蔔。それをゆったんがつくるというのですからオッサンたちは大騒ぎ。ゆったんのオリジナリティたっぷりのYUTTAN'S KITCHEN。お楽しみください。

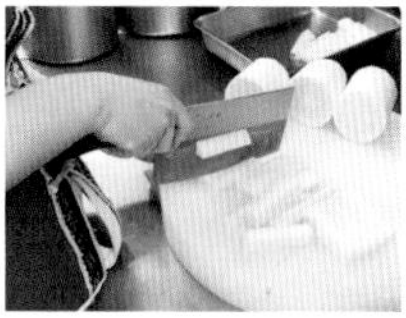

つくり方

ゆったんの大根漬け

大根は丁寧に皮をむき、棒状に切りそろえます。

何を隠そうゆったん、実はこう見えて意外にも家庭的な一面があり、家でもよく家族に手料理を振る舞うという料理系女子なんです。そんなゆったんが切る大根ですが、棒状があればマッチ棒もあり、針の如く繊細に細く切ったものもありと、バラエティに富んでいます。でもいいんです。

次はタレをつくります。調味料を入れる順番はもちろん「サシスセソ」。サの砂糖、シの醤油、スの料理酒、ソの胡麻油。その後は「タチツテト」です。タの鷹の爪、チの花椒、ツの大蒜。これだけでオジサンたちは大喜びです。これらをよく混ぜ合わせたら、寸胴《ずんどう》に入れた大根の上からタレをかけ、ラップをしてひと晩冷蔵庫で寝かせたら翌日出来上がりです。

もちろんラップには日付けとともに「美味しくできますようにに」という願いと、顎《あご》のとがった謎の生き物のイラストをマジックで書くことを忘れずに。

材料（つくりやすい分量）

大根…１本

〈漬けダレ〉

砂糖…１２０g、醤油…３００cc、料理酒…２２５cc、胡麻油…大さじ１、鷹の爪（輪切り）…大さじ1/2、花椒…大さじ1/2、おろし大蒜…１片分

動画はコチラ

ホタテのミルクソース煮

奶油鮮貝

どーもミルクソースです。

マネユカ「いきなりなんですけどね、うちのオカンがね、好きな貝があるらしいんやけど」
チーフ「あっ、そーなんや」
マネユカ「その名前をちょっと忘れたらしくてね」
チーフ「貝の名前忘れてもうて〜、どないなってんねん、それ」
マネユカ「で、まぁいろいろ聞くんやけどな、全然わからへんねんな」
チーフ「わからへんの？　いや、ほな俺がね、オカンの好きな貝ちょっと一緒に考えてあげるから、どんな特徴ゆうてたかってのを教えてみてよー」
マネユカ「あのな、二枚貝で、甘くてしっとりしてて、うま味成分のコハク酸が多いマジウマい貝やって言うねんな」
チーフ「おーホタテやないかい！　その特徴はもう完全にホタテやがな」
マネユカ「ホタテなぁ」
チーフ「すぐわかったやん！　こんなんもー」
マネユカ「でもこれちょっとわからへんのやな」
チーフ「何がわからへんのよー」
マネユカ「いや、私もホタテと思うてんけどな」
チーフ「いや、そうやろ？」
マネユカ「オカンが言うには、味噌汁の具に殻ごと入れたいって言うねんな」

チーフ「あー、ほなホタテと違うかぁ。味噌汁のお茶碗にホタテが殻ごと入るわけないもんな」
マネユカ「そやねん」
チーフ「ホタテを殻ごとそのまま入れようもんなら、大盛のラーメン丼で味噌汁食わなアカンもんな」
マネユカ「そやねんな」
チーフ「ホタテ側からしてもね、味噌汁に入っている他の具たちの冷たい視線が突き刺さって気になって夜も眠られへんよ、あれ」
マネユカ「そやねんそやねん」
チーフ「ホタテが殻ごと味噌汁の具に入ってもうたら、もうすでにそれは味噌汁やないもんね。単なるホタテや」
マネユカ「そやねん」
チーフ「あれ、ほなもう一度詳しく教えてくれる？」
マネユカ「オカンが言うにはな、昔、安岡力也《やすおかりきや》さんだったらしいねん」
チーフ「ホタテやないかい！　安岡力也さんといえばホタテマンやからね。あのひょうきん族のキャラで現実問題一番強くて怖いのはホタテマンやから！　でも俺はね、実は安岡力也さんすごくやさしい方だったとにらんでんのよ。俺の目をだませへんよ。俺だましたら大したもんや」
マネユカ「まあねー」
チーフ「ほんで、あれよー見たらね、ほぼエルビス・プレスリーのパクリになっとんねん！　俺はなんでもお見通しやねんから！　ホタテや、そんなもんは」
マネユカ「わからへんねん、でも」
チーフ「何がわからへんの、これで」

マネユカ「私もホタテと思うてんけどな」
チーフ「そうやろー」
マネユカ「オカンが言うには、デザートとしても全然ウマいって言うねんな」
チーフ「ほなホタテちゃうやないかい！　デザートがホタテやったらテーブル粉々に破壊するもんね。ホタテはね、煮ても焼いても生でもなんでもウマいんやけど、デザートだけはあかんのや」
マネユカ「そやねんそやねん」
チーフ「な？　ホタテの刺し身に生クリームのせてみ！　観光で来日した外国人の脳がパニック起こして戦争起きてまうわ」
マネユカ「そやねんそやねん」
チーフ「そういうカラクリやから、あれ」
マネユカ「そやねんな」
チーフ「ホタテちゃうがな！　ほなもうちょっとなんか言ってなかったー？　ん～」
マネユカ「いやオカンが言うにはな、人魚がつけるブラジャーの代わりになるらしいねん」
チーフ「ホタテやないかい！　ほぼ全裸のマーメイドちゃんが唯一身に着けているいうたら、ホタテ貝のブラジャーやん！　アレある程度の大きさならホタテの貝で十分隠れるんやから！　武田久美子《たけだくみこ》の写真集『My Dear STEPHANIE』がすべてを語ってるんやから！　ホタテよ、そんなもん」
マネユカ「わからへんねん、だから」
チーフ「何でわからへんの、これで」
マネユカ「私もホタテと思うてんけどな」
チーフ「そうやろ」
マネユカ「オカンが言うにはな、カクテルのマティーニにも入ってる言うねん」
チーフ「ほなホタテちゃうやないかい！　おしゃれなバーで飲むカクテルのマティーニにホタテ入ってるわけないもんね」
マネユカ「せやねん」
チーフ「バーテンダーさんがカッコよくシェイクシェイクしたもんなら、ホタテドロドロよそんなもん」
マネユカ「せやねんせやねん」
チーフ「ホタテちゃうがな、ほなー！　ほなもうちょっと何か言うてなかったか？」
マネユカ「サンドウィッチマンのネタで『ご一緒にいかがですか？』って言うらしいねん」
チーフ「ホタテやないかい！　サンドウィッチマンの数あるネタの中で鉄板中の鉄板といわれている『ハンバーガー屋』でご一緒に言わされる言うたら『ホタテはいかがですか？』やから！　厨房のほう振り返ってバナナシェイクをソルトレイクしてからのブックオフなんやから！　ホタテよ、そんなもん」
マネユカ「わからへんねん、でも」
チーフ「何でわからへんの、これで」
マネユカ「私もホタテと思うてんけどな」
チーフ「そうやて」
マネユカ「オトンが言うにはな」
チーフ「オトン？」
マネユカ「カタツムリちゃうか？　って言うねん」
チーフ「いや絶対ちゃうやろ。もうええわー」
マネユカ＆チーフ「ありがとうございましたー」

ホタテのミルクソース煮

つくり方

チーフとマネユカのパクリ漫才が終わったところで、ボウルに干し貝柱、お湯、紹興酒を入れ、2時間蒸してから貝柱と戻し汁に分け、貝柱は細かくほぐしておきます。ホタテは貝柱の小柱を取り除き、それを170度の油で揚げます。ホタテは貝柱の小柱を取り除き、網目状に切れ目を入れます。

鍋に牛乳とバターを入れて火にかけ、バターが溶けたら一度ボウルに取り出します。次に、ホタテをボイルしますが、4割程度の火入れをしたらすぐに取り出しておきます。

その後、それぞれスライスした大蒜、生姜、軟白葱を少量の油でゆっくりと丁寧に炒め、バター牛乳を加えたら、大蒜、生姜、軟白葱はすべて取り出します。薬味の香りがついたバター牛乳スープに干し貝柱の戻し汁とホタテを加え、沸騰しないように気をつけながら、塩と胡椒で味をキメ、水溶き片栗粉で少しとろみをつけたら、所有している中で一番のお気に入り皿に盛り、鶏油をおしゃれに回しかけます。ホタテの上に揚げ貝柱をのせたら出来上がりです。ミルクボーイの漫才同様、純粋で高い技術を要するこの逸品をお楽しみください。

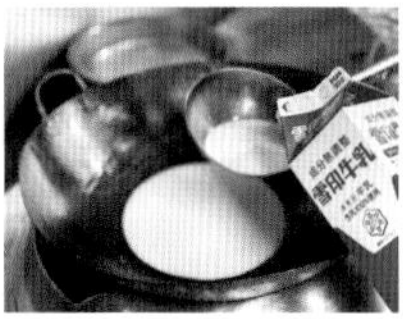

材料（3人分）

ホタテ（刺し身用）…3個、干貝《かんぺい》（干し貝柱）…50g、軟白葱…2g、大蒜…2片、生姜…5g、牛乳…450cc、バター…5g、干し貝柱の戻し汁…大さじ3、塩…小さじ1、胡椒…少々、水溶き片栗粉…適量、鶏油…小さじ2、揚げ油…適量

〈下処理〉
紹興酒…大さじ1、お湯…100cc

動画はコチラ

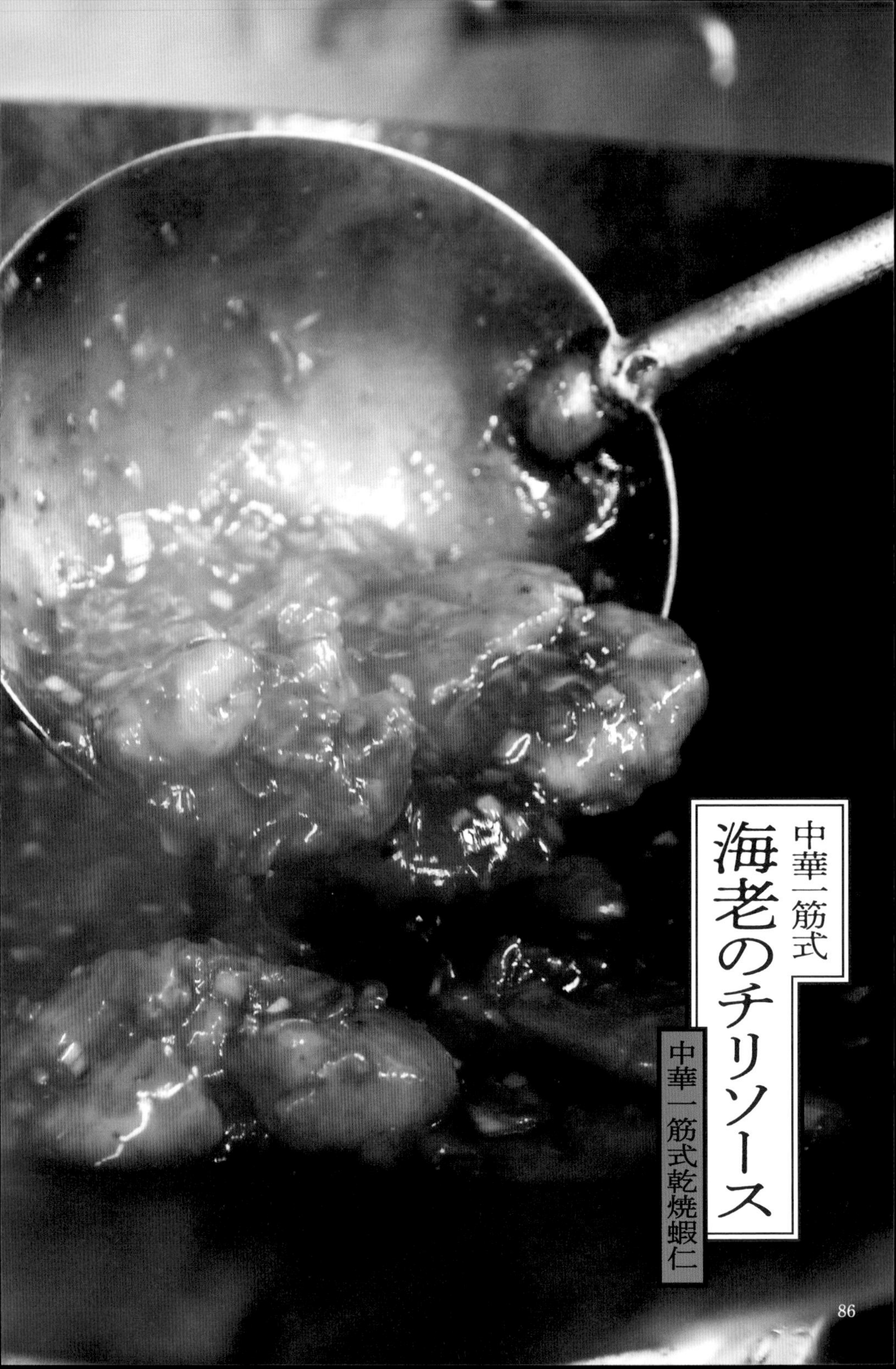

中華一筋式
海老のチリソース

中華一筋式乾焼蝦仁

もうケチャップなんかに頼らない。

日本人が大好きな海老。海老は世界に約３０００種類ほど生息しているといわれています。伊勢海老のように歩くタイプの Lobster、車海老のように泳ぐタイプの Prawn、Shrimp がありますが、その違いは５cm より大きいものを Prawn、５cm 以下ものを Shrimp と呼んでいることが多いようです。

そんな海老を使った中国料理の代表料理といえば、やはり「エビチリ」ですよね。今や中華料理店にとどまらず、ファストフード店や居酒屋、ファミレスなど、ありとあらゆる場所で見かけることの多い大人気料理のエビチリ。ご存じの方も多いかと思いますが、このエビチリ、日本生まれの中華料理なんです。すなわち、在日中国料理なんです。実は、「中華の鉄人」陳建一《ちんけんいち》氏の父親である故陳建民《けんみん》氏が、豆板醤の辛味に慣れていない日本人用にケチャップと卵黄で辛味を抑え、調理法そのものを簡単にしたのが始まりのようです。

さすが「鉄人」の父は「偉人」ですね。

しかし、もちろんひと口にエビチリといっても、店によって味や調理法などさまざまですので、本書では中華一筋式マジウマいエビチリをご紹介します。

複雑に絡み合う数種類の旨味と香り、歯応え、口触りの因数分解です。

中華一筋式 海老のチリソース

つくり方

まずブラックタイガーの殻をむき、少量の塩で揉み洗いをし、さらに片栗粉を混ぜて水が透き通るまでよくすすぎます。こうすることで細かい汚れも取り除かれ、臭みも取れてプリッとした海老の食感を楽しむことができます。

次に、長葱をみじん切りにします。葱はつぶれてしまうと臭みが出るため、事前に包丁をよく研いでおくことが肝心です。手際よくリズミカルに切りましょう。

ブラックタイガーに下味をつけます。塩と胡椒をなじませてから、卵白、片栗粉、油の順番で入れていくのですが、実はそれぞれきちんと役割があり、入れる順番もとても大切なんです。

塩と胡椒は、海老そのものに対して味と香りをつけるために。卵白は、片栗粉をしっかりと海老につけるためのつなぎの役割と、口触りをよくするため。片栗粉は、ほんの少しまぶして薄く衣をつけることで、海老を加熱したときに、含まれる水分と旨味を逃がさないよう守ってくれるうえ、ソースも絡みやすくなり、美味しさをさらに増幅《ぞうふく》させてくれます。最後に油を少し絡ませることによって、海老同士のくっつきがなくなり、その後の調理がよりスムーズになります。

材料（3人分）

ブラックタイガー…12尾
蝦米（干し海老）…8g
長葱…20g
鶏ガラスープ…180cc
砂糖…小さじ2
郫県豆瓣醤…大さじ1と1/2
香辣醤…大さじ2
酒譲…小さじ2
蝦醤（李錦記）…小さじ1/2
水溶き片栗粉…適量
蝦油…小さじ2
蝦油の最上級極上カス…大さじ1

〈下処理・下味〉
卵白…適量
片栗粉…適量
塩…適量

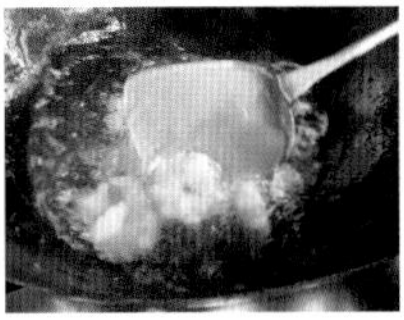

油通しは、150~160度の低温に熱したたっぷりの油に、ブラックタイガーを1尾ずつ入れ、泳がすようにお玉でゆっくりと、油の渦《うず》をつくるように行います。7割程度火を通したら一度上げて油をよく切っておきます。

さぁ、それではソースをつくって仕上げます。

油を引いた鍋に郫県豆瓣醤、香辣醤、酒醸、蝦醤《シャージャン》（李錦記）を入れ、弱火でじっくりと炒めて香りを際立たせます。その後、蝦油を仕込んだときに取った最上級極上カス（単なる残りカスをミキサーで挽いた自家製蝦醤／168ページ参照）を加えてさらによく混ぜたら、鶏ガラスープを加えます。

砂糖、乾煎りした蝦米を加え、一旦味見。水溶き片栗粉でとろみをつけ、長葱とブラックタイガーを加え、軽くあおってなじませたら蝦油を回しかけて出来上がりです。

まるでシャウエッセンのように弾けるプリプリの海老の食感が際立つこのエビチリは、たっぷりの旨味を含んだ2種類の蝦醤と、3年熟成の郫県豆瓣醤、香辣醤と蝦米、蝦油（168ページ参照）の際立つ上品な香りが複雑に絡み合った極上ソースと、海老に対する真摯《しんし》な下処理が肝《きも》です。

胡椒…少々
油…少々

視聴者の声

・本格的なエビチリ美味いんだろうな。久しぶりのマネユカ姉さん「ん~ふ~」。（秋月しのじーちゃん）

・うちのおかんが作るエビチリは最初から最後までフライパンにエビが入っています(-_-;)。熱が入り過ぎて固いのなんの…。（ノルディック親父）

動画はコチラ

牛肉とピーマンの細切り炒め

青椒牛肉絲

世界中に愛されるTHE中華料理。

もともとの起源は豚肉を調理した福建《フッケン》料理ですが、現在は中国や日本にとどまらず、世界中でポピュラーな料理として定着しています。

すべての食材を均等の長さ、太さに切りそろえることによって均一に火が入り、手早く味をまとわせることで生まれる歯応え、香り、旨味。

今回は、そんな定番中華の「青椒牛肉絲《チンジャオニューロウスー》」。そうです、牛肉なんです。一般的に青椒肉絲は豚肉のイメージですが、香りも旨味も違う牛肉絲は、見た目以上に違いがはっきりと仕上がる料理。

キンキンに冷えたビールによし、熱々の白飯によし、紹興酒にも、烏龍茶にもよし。冷めたって美味しく、小さなお子さまからお年寄りまで大人気で、もちろん相性もX-GUNなこの逸品は、まさにアジアの超特急なのかもしれません。

牛肉とピーマンの細切り炒め

つくり方

軟白葱は、縦に切れ目を入れてからみじん切りに。麻竹《まちく》はマッチ棒程度の太さと長さに切りそろえ、一度軽くボイル。ピーマンも、パプリカも、牛肉もマッチ棒。料理名を「マッチ棒」にしてしまったほうがいいのではないかと思う方、切り終えたらそれを一旦忘れてください。

大切なのは、肉も野菜も繊維の目に沿って切ること。素材のほとんどがマッチ棒で火の入りが早いので、炒める時間を短縮することが大切。ということはあらかじめ調味料を合わせ、味見をしておくことも大切です。「大切」尽くしです。

さぁ、切った牛肉に下味をつけ、旨味が逃げないよう薄く衣をつけます。ほぐれやすくするため油をまぶしたら、140〜150度程度の低温で油通しです。7割程度火が入ったら麻竹、パプリカ、ピーマンも一緒に油通しをし、すぐにすべて取り出します。

鍋の油を切り、刻んだ軟白葱を軽く炒め、油通しをした食材をすべて鍋に戻します。合わせ調味料を入れて軽く混ぜ合わせたら、水溶き片栗粉でタレの流れをとめ、仕上げに鶏油をかけたら出来上がり。軟白葱を入れてから1分以内におさめることが肝心です。

材料（2人分）

牛もも肉…200g、麻竹…40g、ピーマン…150g、赤パプリカ…20g、軟白葱…10g、水溶き片栗粉…適量、鶏油…小さじ2

〈合わせ調味料〉
醤油…大さじ2、老抽王…少々、オイスターソース…大さじ1、料理酒…大さじ1、砂糖…小さじ1と1/2、うま味調味料…少々、胡椒…少々、水…大さじ2と1/2

〈下味〉
卵…少々、片栗粉…適量、料理酒…大さじ1、塩…少々、胡椒…少々、油…適量

動画はコチラ

ふかひれの姿煮丼

紅焼排翅燴飯

極上飯はいかが？

中国料理での高級食材といえば一般的にあわび、ナマコ、ふかひれ、ツバメの巣などが挙げられると思いますが、その中でも今や中国料理のみならずフレンチや日本料理、さらにはお寿司のネタにまで使用され、すっかり日本でもおなじみとなったふかひれ。

実は、ひと口にふかひれといってもピンからキリまでさまざまで、約４００種いるといわれている鮫《サメ》の中のほんの数種類の鮫しか使用されていません。

さらに、鮫の種類もさることながら尾びれや背びれなど、一般的に5種類あるひれの種類でも価値が大きく異なります。

ふかひれ料理といえば、高価なイメージがあります。なぜ高価なのかというと、実はふかひれとして食される部分は鮫本体の0.5～１％といわれていて、さらにそのひれから皮、肉、骨を取り除いて繊維の部分だけを手間暇かけて取り出すので、必然的に量は少なくなるうえ、たくさんの工程、時間を経なければ出来上がらないため、とされているようです。

さぁ、そんな高級食材を使って、２分で飲み込んでしまう丼飯をつくっていきましょう！

中華一筋厨房でも数種類のふかひれを使用していますが、本書でご紹介させていただくのは、宮城県気仙沼《けせんぬま》産毛鹿鮫《モウカザメ》の尾びれ（素ムキ）です。

ふかひれの姿煮丼

つくり方

ふかひれの加工は大きく2つに分けられ、生ふかひれの皮や骨がついた状態のまま天日で乾燥させた「原びれ」と、生の状態から皮、骨、肉を取り除き、乾燥させてから戻した「素ムキ」。原びれは約3カ月、素ムキは約1カ月の日数を要します。本書では文字数の関係と大人の事情で、素ムキを使用します。

まず、バットに並べたひれが浸るくらいの水を入れ、老酒を加えます。青葱と生姜をのせ、蒸し器で5時間蒸してやわらかくし、余分な臭みを取り除きます。

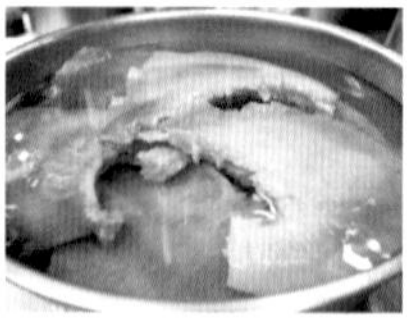

その後、ペティナイフでひれの余分な脂や薄皮、骨付き部分などを丁寧に丁寧に取り除き、ボウルの中で流水しながら5日間冷暗所で水に浸け、さらに余分な臭みを取り除き、繊維一本一本に水分が染みわたるように膨張《ぼうちょう》させます。臭みが抜け、1.5倍ほどの大きさになったら下処理は終了です。

さぁ仕上げ。鍋に葱《ツォン》油《ユ》を多めに熱し、ふかひれ専用にとった白湯、鶏ガラスープ、醤油、ふかひれを入れたら弱火でコトコト煮込みます。アクを丁寧に取り除き、スープをふかひれにかけながら15分ほど煮詰めていくと、ふかひれの繊維がスープを吸い、コラー

材料（1人分）

毛鹿鮫ふかひれ（尾びれ）…200g
白飯…150g
鶏ガラスープ…200cc
白湯…400cc
醤油…大さじ2
老抽王…大さじ1
オイスターソース…大さじ1と1/2
砂糖…小さじ1
胡椒…少々
水溶き片栗粉…適量
葱油…大さじ1
鶏油…小さじ2
〈下処理〉
青葱…10本
生姜…1本

ゲンが流出してスープにとろみが出てきます。

オイスターソース、老抽王、砂糖、胡椒で味をキメ、鍋を回しながら水溶き片栗粉でとろみを補い、鶏油を回しかけ、ご飯の上に盛りつけたら完成です。青梗菜《チンゲンサイ》などの付け合わせは敢えて控え、小さめで飾り気のないお茶碗に豪快に盛りつけるのが中華一筋の流儀《りゅうぎ》です。

今や世界的に鮫の個体数が激減しているうえに、フィニングの問題があったり……。ふかひれ処理場で多くの手間暇をかけ、さらにそれぞれの厨房内でもたくさんの時間と工程を要するこのふかひれが、希少価値によって高級食材となる所以《ゆえん》をご理解いただけるのではないかと思いますが、やはりそれはあくまでもその素晴らしい美味しさがあるからこそ、なのではないかとも思えます。ふかひれの太い繊維一本一本が口の中を心地よく刺激し、コラーゲンが思いっきり染み込んだ白湯スープがいつまでも口の中にまとわりつき、独特の感触を与えてくれます。

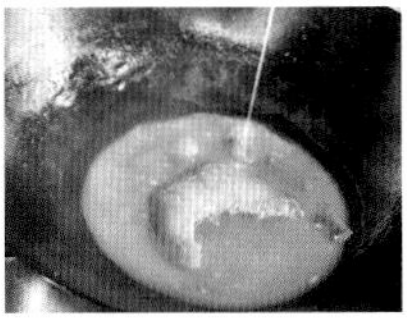

「こんなにも幸せな気持ちにさせてくれる料理を一体誰が考えたんだ?」と、ふかひれ姿煮を食べたときに必ずというほど言ってしまう僕の口癖が、たった今この原稿を書きながらも出てしまいそうになる、そんなひと皿です。

老酒…大さじ2
水…適量

視聴者の声

・手間がかかってるから、味も出るし美味しくなるんですよね♪　でも、個人的に高いす…w　さすがイチナベさん、色艶がすごいです♪　さては、まだ出し惜しみしてますね?w（品川巻き）

・ふかひれってこんなに手間がかかってたんだ…料理ってすごい!（NT）

動画はコチラ

マネユカの杏仁豆腐

美女経理的杏仁豆腐

簡単なのに本格派。

皆さんは中国料理店で食事をしたとき、デザートには何を選びますか？　定番デザートといえば、杏仁豆腐《あんにんどうふ》、マンゴープリン、タピオカココナッツミルク、愛玉子《オーギョーチ》などでしょうか。

今回ご紹介するマネユカの杏仁豆腐は、彼女が愛してやまないココナッツミルクを使用した欲張り仕立てで、「いつも自分に厳しく、人にやさしく」をモットーにしているマネユカならではの簡単杏仁豆腐でもあります。

中国の「薬食同源思想」から誕生した杏仁豆腐。身体にもやさしく、ひと口食べたら必ず笑顔になれるマネユカレシピは、オクチにもココロにもやさしいひと品です。さぁ、白飯片手に読み進めてお腹いっぱいになってきた皆さんのために、締めのデザートをつくってもらいましょう。

つくり方

マネユカの杏仁豆腐

まず粉ゼラチンを水で溶かしておきます。そうすることで、仕上げの口当たりがX-GUNによくなります。鍋に牛乳、生クリーム、杏仁《キョウニン》霜《ソウ》、ココナッツミルク、上白糖を入れて弱火にかけ、混ぜながら温めます（沸騰しないように注意）。上白糖が溶けて湯気が出てきたら火を止め、ゼラチンを入れてしっかりと混ぜ合わせます。

ボウルに入れた氷水の中に鍋ごと浸し、粗熱を取りながら混ぜ、目の細かいこし網で濾《こ》しながら容器に入れて、冷蔵庫で約3時間しっかりと冷やします。

さぁ、次はいちごソースです。適度な大きさに切った3粒分のいちごと上白糖を鍋に入れ、弱火でいちごをつぶしながらペースト状にしていきます。ある程度いちごが溶けたら火を止め、蜂蜜とレモン汁を加えて混ぜ合わせます。残り3粒のいちごをセンスよく細かく切り、ペースト状のいちごと混ぜ合わせて冷蔵庫で1時間冷やします。その間にココナッツミルクにコンデンスミルクを混ぜ合わせ、ソースをつくります。

器に杏仁豆腐をセンスよく盛り、ココナッツミルクソースといちごソースをかけたら出来上がりです。

材料（4人分）

杏仁霜…大さじ3、牛乳…150cc、生クリーム…150cc、ココナッツミルク…150cc、上白糖…大さじ3、粉ゼラチン…5g、水（ゼラチン用）…50cc

〈いちごソース〉
いちご…6粒、上白糖…小さじ1、蜂蜜…小さじ1、レモン汁…小さじ1/2

〈ココナッツミルクソース〉
ココナッツミルク…60cc、コンデンスミルク…20cc

相棒 No.2

鍋

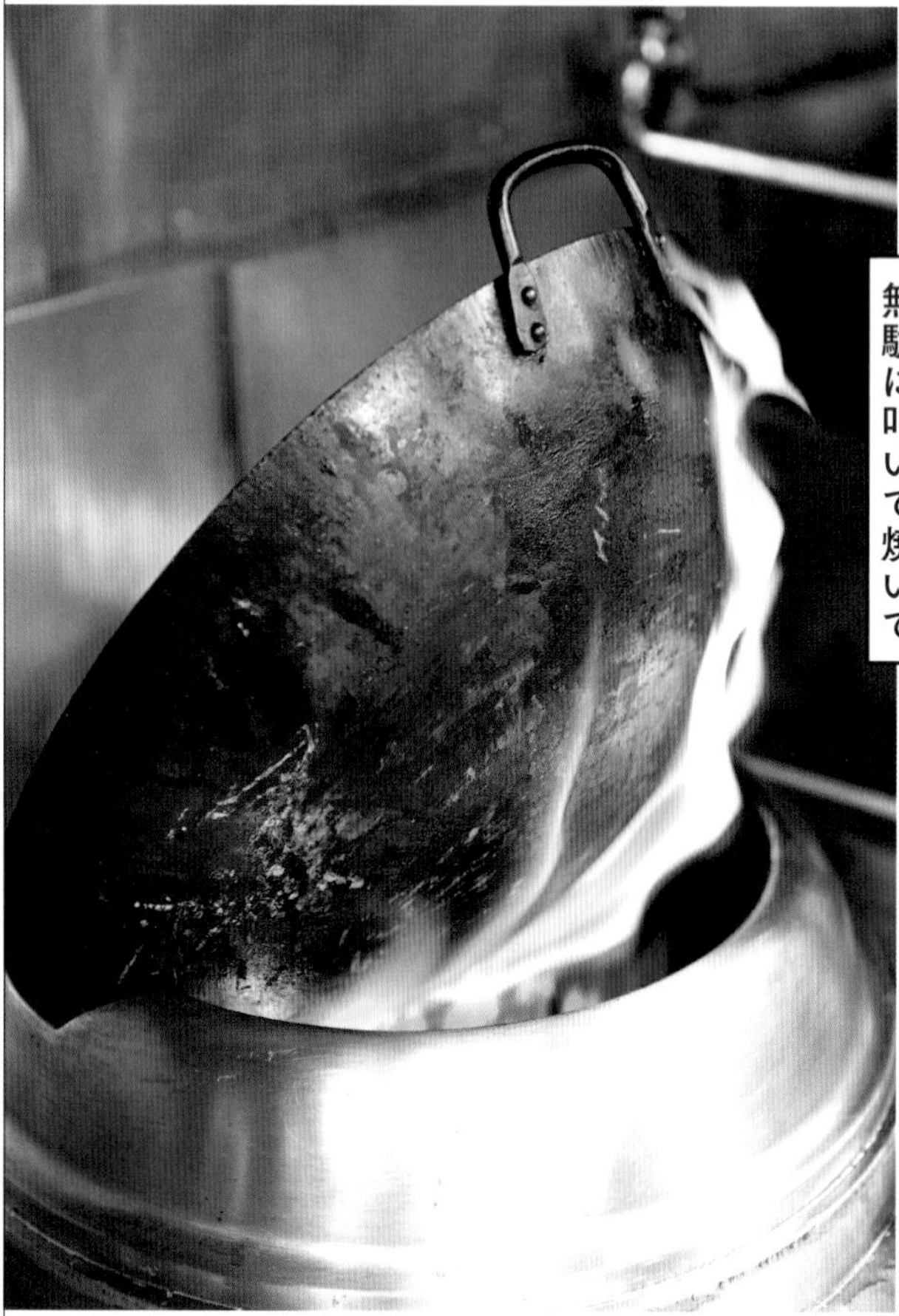

中華一筋厨房で使用する鍋は、職人によって個人差があり、それぞれまちまちですが、基本的には38～42cmの広東鍋を使用しています。

鍋は一日に2回焼きます。ランチとディナー、それぞれの油汚れを灰にして落とすためです。何せ毎日毎日朝から晩まで一日中使っているんですから。

強火であおり、油を飛ばし、振り上げ、叩きつけて香りを引き立たせます。余計な部分を余計にお玉でガンガンと無意識に叩き、リズムを奏《かな》でる日々。

あおって振って叩いて焼いてを毎日繰り返し、鍋は少しずつ形を変え、約半年で天寿《てんじゅ》をまっとうしますが、味に込められた僕たちの想いは決して変わることはありません。

握る手に力を込め、休むことなく鍋の中でひとつの味をつくり続けていきます。伝統を守りつつ新たな挑戦も怠《おこた》らない。積み重ねることで極まっていく調理の技術、料理への熱い想い。それらすべてに鍋が必要不可欠なのです。

其の三

中華一筋流！
マジウマ炒飯

「ひと皿で十分なごちそうになり、
毎日食べても飽きないもの、なーんだ？」
正解！　炒飯です。
鍋で炒めたご飯を総じて「炒飯」と呼ぶのだとしたら、
そのバリエーションはまさに無限大。
炒飯はそれほど、僕たち日本人を含むアジア全域で
絶大な人気を誇る料理のひとつ。
炒飯を語り始めたら止まらないＫＭＯですが、
とりあえず、何も言わずに炒飯を食べてみてください。
食べればわかります。

料理の鉄人陳建一直伝

回鍋肉炒飯

回鍋肉炒飯

極上の味と香り、記憶に焼きつく絶品炒飯。

回鍋肉は、日本における中華料理の中でも特に人気の高い料理のひとつです。YouTube の動画でも過去に何度かアップさせていただいている料理ですが、その度に中国の方からお叱りのコメントを数多く頂戴《ちょうだい》するヒヤヒヤ料理でもあります。そのお叱りの内容とは「コレハホイコーロウジャナイアルヨ！」というようなことなのですが、確かに本場中国四川省の回鍋肉はキャベツやピーマンなどは入っておらず、見た目も味もまったく違います。

日本で一般的に食べられている回鍋肉は、故陳建民氏が日本で手に入る食材で、日本人でも美味しく食べられるようにとアレンジを施した回鍋肉なんです。しかしそのアレンジが日本で受け入れられ、今では誰もが知る大人気の中華料理のひとつとなるのですから、改めて陳建民氏は偉大だなと感じますよね。そんな陳建民氏のご子息は、料理の鉄人、陳建一シェフ。以前中華一筋厨房にいらしたときに伝授してくれた、マジウマい回鍋肉炒飯は、陳さんが成《セイ》都《ト》に行った際に感銘《かんめい》を受けた炒飯のようです。

たくさんのスタッフたちに囲まれて一生懸命に鍋を振ってくれる陳さんの横で、食い入るように見ていたKMOの2人でしたが、極上の味と香りはいつまでも忘れることのできない素敵な経験となりました。そのときの炒飯が、これです。

料理の鉄人陳建一直伝 回鍋肉炒飯

つくり方

4年ほど前、中華一筋厨房で「炒飯つくってやるよ！」と鍋を振ってくださった陳建一シェフ。そのすぐ横で食い入るように、その技を見つめていたイチナベさん。ここでは、そのイチナベさんに、目と舌で盗んだ回鍋肉炒飯をつくってもらいましょう。

では下準備です。まず1時間ボイルした豚肉は、レンゲで炒飯をすくった際、他の具材と一緒に肉も2〜3個程度のるサイズ感のサイコロ状に切ります。

キャベツ、エリンギ、ピーマン、パプリカもそれぞれサイコロ状に合わせた形、大きさに切り分けます。実はこの大きさが結構重要で、出来上がりのご飯、肉、野菜のバランスが、ひと口頬張ったときのウマさに直結するんです。

軟白葱は末《モォ》切り（みじん切り）です。

では、炒めていきましょう。その前に必要な調味料や食材はできる限り手元にそろえておくことが大切です。手際よくスピーディーに進めましょう。

まず鍋に油を熱し、豚肉から炒め始めます。次にすりおろした大蒜、豆板醤、郫県豆瓣醤、豆豉醤、辣油を加えて炒めます。ある程度なじん

材料（2人分）

豚バラ塊肉…80g
キャベツ…60g
ピーマン…20g
赤パプリカ…20g
エリンギ…40g
軟白葱…20g
おろし大蒜…小さじ1
白飯…350g
醤油…小さじ1
料理酒…大さじ1
うま味調味料…少々
豆板醤…小さじ2
郫県豆瓣醤…大さじ1と1/2
豆豉醤…小さじ2
甜麺醤…大さじ1
辣油…小さじ2

で香りが立ってきたら、軟白葱以外の野菜をすべて加え、さらに料理酒、醤油、甜麺醤の順に炒めながら加え、白飯の投入です。

　軟白葱とうま味調味料を加え、鍋をガンガン振り、具材をなじませながら炒めるのですが、甜麺醤を入れると焦げやすくなるため、常に鍋を動かす、という注意が必要です。

　室内に複雑な甘い香りが立ち込め、口の中のよだれがパブロフの犬の如く今にもあふれ出てきそうになったときが、出来上がりの合図です。

　2種類の豆板醤と甜麺醤の濃厚な旨味をまとった刻み回鍋肉と白飯の完全無欠な相性を誇るコンビに、程よい油と熱が加わることにより、得も言われぬ香りという武器を持たせてくれます。あえて卵を使用しないスタイルが、口の中に入れた瞬間のインパクトをより深く与えてくれる絶品炒飯。

　さすがイチナベさん、陳シェフの腕前をまばたきもせずに、血走りながらガン見していただけのことはあります。栄養満点でもあるこのひと皿は、手軽で、家庭でもつくりやすい料理のひとつ。ぜひお試しください。

視聴者の声

・回鍋肉も炒飯も大好きだから、合わせたら、もう最強の逸品料理になっちゃいますね(*'ω'*)gグッ！
(hideo Kuriyagawa)

・この小腹の空く時間に無《む》慈《じ》悲《ひ》なチャーハン！
(nerv2007)

動画はコチラ

海街diaryのしらす炒飯

魩仔魚炒飯 by 海街日記

4姉妹のようなやさしい炒飯。

是枝裕和《これえだひろかず》監督作品と三谷幸喜《みたにこうき》作品に目がなく、映画『海街《うみまち》diary《ダイアリー》』を通算13回観たチーフ。綾瀬《あやせ》はるか率《ひき》いる海街美女4姉妹よりも、劇中で出てくる「しらすトースト」がすごく気になって「食べたい！　食べたーい！」とチーフが大騒ぎ。

『海街diary』のしらすトーストのレシピはとてもシンプルで、釜揚げしらす、食パン、バター、海苔と4つの食材からできているようです。

「チーフ騒ぐ×イチナベ動く＝マジウマい」という方程式で、出来上がりを楽しみにしているチーフ。早速しらすを手に持ち、炒飯をつくり出そうとするイチナベさん。

「え⁇　いや炒飯じゃなく、トーストが食べたいんだけど」と困惑するチーフ。

中華一筋厨房は今日も賑やかで和やかです。

つくり方

海街diaryのしらす炒飯

あらかじめ軟白葱はみじん切りに、レタスは３㎝程度の太さに切り、さつま揚げはサイコロ状に切り分けてから、たっぷりの油で油通しをしておきます。

よく熱した鍋に油を引き、溶いた卵を入れてから白飯を入れ、塩、うま味調味料、軟白葱を加え、あおりながらご飯をほぐす感覚で混ぜます。さらに釜揚げしらすとさつま揚げを加え、あおりながら醤油、胡椒を加えてさらに鍋をあおります。汁気がなくなってしまわないよう、油分が程よく全体にしっとりとするように、そしてご飯一粒一粒に卵としらすが程よく絡まるように。そんなイメージで炒めることが大切です。

胡麻油を加えたらレタスを投入。３〜４回あおり、レタスにまだシャキシャキ感が残る程度でお皿に盛り、追いしらす（分量外）をかけて出来上がりです。卵を入れてからお皿に盛りつけるまでの所要時間およそ90秒。手際よくスピーディーに調理するため、あらかじめの配置準備とイメトレを忘れずに。最後に刻み海苔をかけると、より一層鎌倉の香りを楽しむことができます。

すずちゃんにもぜひ食べてもらいたいひと品です。

材料（１人分）

釜揚げしらす…60g、さつま揚げ…５枚、レタス…40g、軟白葱…20g、白飯…２５０g、卵（Lサイズ）…２個、醤油…小さじ１、うま味調味料…小さじ１弱、塩…小さじ１弱、胡椒…少々、胡麻油…少々

動画はコチラ

サンマ炒飯with岩下の新生姜

秋刀魚炒飯with岩下的新生姜

アップグレードされた創作炒飯。

中華一筋厨房自慢の「なんでもストッカー」から、こっそりとイチナベさんが取り出したのは、チーフが焼いて大根おろしと一緒に食べようとしていた大切な大切なサンマちゃん。

それを、中華一筋厨房唯一のエレクトロニクス搭載《とうさい》自慢の最先端機器「三菱電子レンジ」通称オートスワンキーでチンするイチナベさんですが、どうやらチーフのために美味しい朝ご飯をつくってあげたいようです。

ということで、今朝のチーフの朝ご飯は、『女芸人ナンバー1決定戦THE W』2代目王者、阿《あ》佐ヶ谷《さがや》姉妹《しまい》でおなじみの『岩下の新生姜』で味のパンチをきかせ、サンマ独特の臭みを上手に取った「イチナベ特製チーフのためのサンマ阿佐ヶ谷炒飯」、略して「サンマーカンマー」です。

サンマ炒飯with岩下の新生姜

つくり方

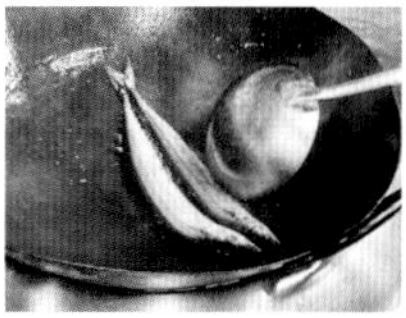

岩下の新生姜は、歯応えが素晴らしいので、それが残る程度の太さの細切りにします。もちろん生姜汁も捨てません。

サンマは中華鍋で上手に焼きます。焦げつかないよう鍋を回しながら7割の火入れで焼き上げたら一度皿に移し、箸で丁寧に骨を取り除き、腹部と背部に分けます。骨を外したサンマの背は鍋に戻し、さらにしっかりと焼きます。

次に鍋をよく熱して油を引き、溶いた卵を入れたら白飯を入れ、塩、うま味調味料、胡椒、醤油、岩下の新生姜を加え、ほぐしながらなじむように炒めます。サンマの腹と生姜汁を入れ、ふっくらさせるようにあおりながら炒めたらお皿に盛りつけ、炒飯の上にサンマの背をのせ、その上からみじん切りにした軟白葱をのせて出来上がりです。

「サンマと大根おろしと白飯」という定番のアンサンブルがアップグレードされ、定番イメージを大きく覆《くつがえ》す「サンマと岩下の新生姜と炒飯」というハイスペックなコンビネーションとなる理由には、岩下の新生姜の爽やかな酸味と独特の辛味、さらには常に自分自身のアップデートを欠かさないという岩下《いわした》和了《かずのり》社長の信念にあるのではないでしょうか。

材料（1人分）

サンマ…2尾、岩下の新生姜…80g、軟白葱…15g、白飯…250g、卵（Lサイズ）…2個、岩下の新生姜の汁…小さじ2、醤油…小さじ1、うま味調味料…小さじ1弱、塩…小さじ1弱、胡椒…少々

動画はコチラ

パプリカ炒飯

紅甜椒炒飯

子どもたちの笑い声が聞こえてきそう。

「あやかる【肖る】」とは、好ましい状態にある人の影響が及んで、自分も同じような状態になること。僕たちは「一年３６５日、常に誰かにあやかっていたいな」と思いながら生きている、ある意味ポンコツ軍団でもあります。

先日、「YouTubeに動画をアップロードする際には、タイトルに気をつかいましょう」という内容の記事を読みました。その記事によると、今話題のワードや流行している言葉などに寄せながらタイトルを考えるほうがいい、とのこと。

そんなこと今まで考えたことがなかったのですが、思い立ったら吉日ということで、米津玄師《よねづけんし》さんの作詞・作曲、プロデュースによる音楽ユニットFoorin《フーリン》の曲『パプリカ』にあやかり、「パプリカ炒飯」をつくってみました。

パプリカ炒飯

つくり方

パプリカはワタと種をきれいに削ぎ取り、小さなサイコロ状に切るのですが、つぶれて水分が出てしまわないよう、よく研いだ包丁で丁寧に切ることが大切です。油をよく熱した鍋で牛挽き肉を炒め、甘味噌、醤油、老抽王、料理酒、砂糖を加えて炒め、炸醤をつくります。これで下準備終了！

鍋をよく熱して油を引き、溶き卵、白飯を入れ、塩とうま味調味料、胡椒、醤油で炒めたら、牛挽き肉の炸醤を加えます。さっとあおり合わせてパプリカを入れて炒めますが、ポイントはパプリカにシャキッとした歯応えが残る程度の火入れで抑えること。

ご飯、卵、炸醤、パプリカのそれぞれが、別々に主張しているかのように見えるほど赤、黄、茶のコントラストが見事に鮮やかですが、ひと口食べた瞬間に訪れる感覚は、ご飯と卵のふんわりしっとりとした心地よさ、炸醤が醸す肉汁のやさしい旨味、パプリカのシャキッとした爽快な食感。それぞれの存在が際立ちながらも、一体感のある美味しさは、まるでFoorinの5人が天真爛漫《てんしんらんまん》に楽しく『パプリカ』を歌って踊っている様子そのもの。その人気にあやかっただけの料理ではない、マジウマい逸品なのです。

材料（1人分）

パプリカ…1個、炸醤…お玉半分、白飯…250g、溶き卵（Lサイズ）…2と1/2個分、醤油…小さじ1、うま味調味料…小さじ1弱、塩…小さじ1弱、胡椒…少々

〈炸醤〉
牛挽き肉…500g、甘味噌…大さじ2、醤油…52cc、老抽王…小さじ2、料理酒…50cc、砂糖…大さじ2

動画はコチラ

ハムユイ炒飯

咸魚炒飯

塩味と旨味を兼ね備えたハムユイ。

炒飯を美味しくするために欠かせないのが、塩味と旨味。つまり、塩とうま味調味料が必要となります。がしかし。この炒飯にはそのどちらも使用しません。なぜなら、具材となる咸魚《ハムユイ》にその両方の要素がふんだんに凝縮されているから。

咸魚とは、イシモチやコノシロなどの魚を塩漬けにし、半発酵させてから天日干しで乾燥させた発酵食材で、程よい香りと独特の旨味が特徴的。加熱することにより、香りと風味がより一層引き立ちます。

そんな少しクセのある香りと旨味に誘われるように、カブトムシの如くノコノコとやってきたチーフにイチナベさんがつくってくれた特製ハムユイ炒飯の、息切れすら覚える本気のウマさ。

生涯忘れることはないでしょう。

つくり方

ハムユイ炒飯

咸魚は、天日で乾燥をさせ旨味を凝縮させますが、乾燥させればさせるほど香りは逆に飛んでしまうため、その見極めが大切な要素にもなります。まずは通常の魚同様、三枚に下ろします。さらに、骨と皮を取り除き、サイコロ大に切ります。

１６０度に熱した油でさっと油通しをし、余分な臭みを取り除き、香りを際立たせておきます。

鍋を熱して油を引き、溶き卵、白飯の順に入れ、みじん切りにした軟白葱を加えてあおりながら炒めます。ある程度白飯がほぐれたら咸魚を加え、胡椒を振り、油分と水分のバランスに気を配りながら短時間であおり炒め、しっとりと仕上げます（汁気が足りなければ鶏ガラスープを入れ、油分が足りなければ大豆油を足します）。

最後に胡麻油を数滴垂らしてお皿に盛りつけますが、実はまだ完成ではありません。レンゲですくい上げた炒飯をひと口頬張り、味のほとんどしないしっとり系の炒飯と、塩味と旨味と香りの塊である咸魚が口の中で合わさり、噛むたびに程よく溶け合っていく味わいを贅沢に堪能《たんのう》し尽くした最後、喉元を過ぎるその寸前で出来上がりといえるのです。

材料（１人分）

咸魚…１００g、軟白葱…20g、白飯…３００g、卵（Lサイズ）…2個、鶏ガラスープ…適宜、胡椒…少々、胡麻油…小さじ2、大豆油…適宜

動画はコチラ

牛肉と小松菜の炒飯

青菜牛片炒飯

料理だけでは美味しさは完成されない。

飲食店に求める重要な要素って何でしょう? 料理が美味しい、雰囲気がいい、接客がいい、コスパもいい、メニューが豊富、ドリンクも豊富で利便性が高い。挙げればキリがないですよね。ですが、たとえば「料理が美味しい」というひとつの要素をとっても、それは決して誰か一個人だけで叶うものではありません。僕たち料理人の技術やセンスだけでは決してないということです。

もちろんそれらはとっても重要な要素のひとつですが、笑顔で誠実な接客をしてくれるスタッフや、居心地のいい席、食欲をかき立てる香り、センスのいい素敵な食器や、非日常を演出する装飾などで彩る店全体の雰囲気など、さまざまな要素が重なって初めてお客さまから「ここの料理はマジウマい」と言われるのではないかと思います。

つくり方

牛肉と小松菜の炒飯

一般的な炒飯で使用する食材に比べて大ぶりな具材、大蒜と黒胡椒の香りのバランスが特徴的なこの炒飯は、まず小松菜を5cmほどの長さに切り、水洗いしておくことから始まります。牛肉は薄切りにし、料理酒、塩、胡椒、卵、片栗粉で下味をつけ、160度の油で油通しします。

油を熱した鍋に溶き卵と白飯、牛肉を入れ、醤油、塩、うま味調味料、すりおろし大蒜、黒胡椒で味を調えたら小松菜、胡麻油を加えて炒め合わせ、出来上がりです。

やはりよりよいものをつくるためには、信頼できる仲間の存在が必要不可欠で、お客さまにつくるのと同様に、仲間たちにも気持ちを込めた料理をつくっています。それがこのまかないです。

まかないガールズちゃんの「マジウマい」を聞くことは、料理人の糧《かて》となり、スキルアップにも欠かせない重要な要素でもあります。しかも彼女たちと一緒に食べられるならなおさらです。さらにオジサンたちを喜ばすチャイナ服に身を包むならば完璧なのです。と、相変わらず不気味なＫＭＯですが、とはいえ、「料理が美味しい」と感じるためのひとつの要素に「仲間」は欠かせないと、声を大にしてお伝えしたいのです。

材料（１人分）

牛肉…100g、小松菜…50g、おろし大蒜…小さじ1、白飯…280g、卵（Lサイズ）…3個、醤油…小さじ2、うま味調味料…小さじ1、塩…小さじ1、黒胡椒…小さじ1/2、胡麻油…小さじ2

〈下味〉

卵…適量、片栗粉…小さじ2、料理酒…小さじ1、塩…少々、胡椒…少々

動画はコチラ

職人が選ぶ

冷凍炒飯食べ比べ15

皆さんは冷凍炒飯を一度に15種類、食べたことがありますか？　休憩時間に猛ダッシュでスーパーを5軒ハシゴして、冷凍炒飯をかき集めたことがありますか？　アシスト自転車は欲しいですか？　冷凍炒飯をチンせずに中華鍋でシャカシャカしてから食べますか？　チキンラーメンはお好きですか？

　言っておきますが、現代のどの冷凍炒飯も、驚くほどマジウマいです。中華料理を愛し、中華料理に長年携《たずさ》わってきた中華一筋の僕が驚愕《きょうがく》するほどの美味しさです。そんな冷凍炒飯を本気の中華鍋でシャカシャカし、食し、考察してみました。

ザ★®チャーハン

これは「チャーハン」ではない。「ザ★®チャーハン」なのです。でも僕は、「ザ★★★チャーハン」でもいいと思う。三ツ星あげちゃう。だってマジウマいのだもの。

「焦がしにんにくのマー油」でにんにくマシマシ！　ガツンとしたにんにくの香りが広がります。大ぶりな具材が食感も美味しくしてくれていて、毎日食べても飽き足らない炒飯です。

味の素冷凍食品

炒飯の極み［えび五目XO醤］

商品のタイトルを「炒飯の極み」にした意味がわかるひと品。これはかなり極まってます。

まず、シーフードの旨味が半端ない。海老もプリップリ。これにXO醤の香りがプラスオンされたら、ノックアウト間違いなし。贅沢がすぎます。

きっとお米もこだわっているのでしょう。ほんのりかためなのですが、きちんと立って食感すら美味しい！　600gの1袋なんてあっという間です。

マルハニチロ

具材たっぷり五目炒飯

「五目炒飯」といいながら、入っている具材は、焼豚、卵、人参、筍、椎茸、木耳《きくらげ》、葱。ですので、商品名にうれしい偽りあり、これは「七目炒飯」ですね。とにかく具だくさん。それぞれの具から旨味といい出汁が出てくりゃ、そりゃ激ウマですって。

さらに、オイスターソースとXO醤の旨味とコクもオン。しっかりした味つけがされていて、中華屋さんで食べる炒飯そのものといった味わいです。

ニチレイ

本格炒め炒飯®

この炒飯はひと口目がガツンとくる！　ひと口目からウマくて、ふた口目に早くいきたくなる、香ばしい奥行きのある深い味わいが最高でした。

また、焼豚の肉の甘味と旨味が、さらに炒飯全体を引き立ててくれています。

あと、CMの深《ふか》田《だ》恭《きょう》子《こ》さんがすごく好き。そこもすごく好き。この炒飯を食べてから、どっちが深キョン好きかで15分イチナベさんと論争したほど好き。

ニチレイ

麺屋彩未 まかない炒飯

PLUSワン

知ってます？　麺屋彩未《さいみ》。あの彩未ですよ。「食べログ」北海道ラーメンランキングにおいてNo.1の座に君臨し続けている、あの彩未。これは食べないわけにはいきません。

うんうん、ラーメンと同様、生姜がガツンときいている。これはウマい！　間違いない。「隠し味噌」と書いているだけあって、確かに味噌感はないものの、彩未の美味しさが全面に出ていて、おいしゅうございました。

冷凍 日清チキンラーメン 金の炒飯

食品冷凍日清

え？　チキンラーメン食べてたの？　と皿を二度見してしまうほど、味も、香りも、具もチキラーを連想させつつ、ちゃんと炒飯に仕上げてあるこの逸品。チキンラーメン好きは絶対食べてみるべきです。ちなみに、具材のひとつ、特製味付鶏肉は「鶏チャー」というんだそう。覚えておいてください。テストに出ます。鶏ガラスープと醤油味に、ほんのり甘い「ふんわりたまご」がクセになる炒飯です！

ワイルディッシュ 焼豚五目炒飯

マルハニチロ

これ、袋がお皿になるんですって。チンして、袋を立てて、点線をチョキチョキすると、袋がお皿になって、そのまま食べられる。ワイルドだろ〜？

なのに、中華一筋厨房では「電子レンジ専用」記載をスルーして、中華鍋でシャカシャカ。

結果、味も見た目もワイルド満載。少し濃いめの味つけに香ばしい風味、チャーシューの油脂のウマさが、「ワイルド好き」をうならせるのでしょう。

ワイルディッシュ 豚キムチ炒飯

マルハニチロ

こちらも、面倒くさがりやさんにおすすめの「スタンディングパッケージ」の冷凍炒飯。もちろん、「電子レンジ専用」記載をスルー。中華一筋厨房では、直火であおらせていただきました。

あー、なるほど、キムチの香りがめちゃくちゃ食欲をそそります。辛味はほんのりなので、辛いものが苦手な人にもすすめたい。小松菜の苦味と豚肉の甘味が絶妙です。まさに、スタンディングオベーション！

石焼風ビビンバ炒飯

マルハニチロ

これはぜひ、レンチンではなく、鍋であおって食していただきたい。アツアツハフハフ言いながら食べていただきたい。なぜなら、韓国料理専門店の石焼ビビンバを食べているのかと思うほどのウマさをより味わえるからです。

牛カルビを使った贅沢な食材、シャキシャキ感が残る野菜、おこげから漂う香ばしさ——。

日本の冷凍食品をつくる先端技術は本当に素晴らしいと、しみじみ感じる秀逸炒飯です。

おいしさ一品 豚カルビチャーハン

テーブルマーク

パラパラというよりはモチモチの、チーフ好みの炒飯。そしてうれしいのが、150g という食べきりサイズということ。

深夜なのに何か食べたくなったことはありませんか？　そこまで量はいらないんだけど、割と濃くてガッツリしたものを食べたいってことありませんか？　僕はあります。そんなときに重宝するこちらの炒飯。結局美味しくって2袋いっちゃうんですけどね。

2種類のにんにく油とねぎ油 香味チャーハン

トップバリュ

100g あたり 54 円。にもかかわらず絶品！　そんなコスパ最強の炒飯があるというのでさっそく購入。

さすが「香味」というだけあって、香りがたまりません。2種類の油の香りがきちんと立ち、味つけが薄めなぶん、その風味がウマい！「にんにく油」と「ねぎ油」がいい働きをしてくれています。食べ盛りの男子、育ち盛りのオジサンたちにはたまらない逸品です。

本格五目炒飯

トップバリュ

具だくさんなんですが、特に椎茸の存在感がすごい逸品。椎茸の出汁が炒飯全体に沁み込んでいて、あっさり控えめな味つけにもかかわらず、長く口の中に旨味が残ります。

あと、とにかくご飯が美味しい！　パラッともしているんだけど、ちゃんと水分も残っていて、これは店で食べる炒飯の味そのもの。

トップバリュさん、これは本格手的すぎますって。

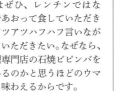

炎の炒飯300g——テーブルマーク

「炎の炒飯」。え、燃えるの？　辛いの？　とにかくウマいということだけがパッケージから伝わってくるこちらの炒飯を中華鍋に投入！　今のところ炎は出てきません。よく見るとパッケージに「高温短時間炒め」と書いてありました。すでに炎の過程は終わっていたようです。

こちらは、ホルモンとニンニクの芽が入ったスタミナ系炒飯。甘辛いホルモンがアクセントになり、マジウマいです！

あおり炒めの焼豚炒飯——マルハニチロ

赤坂璃宮の譚《たん》オーナーシェフ直伝の「あおり炒め製法」ですよ。それはもう、絶対ウマいに決まってる。案の定、ひと口で「マジウマい」。パラッとふっくら、香ばしいとはまさにこのこと。これはクオリティが高すぎでしょ。

チャーシューの味もしっかりついて、具も大きい。今すぐ本気の炒飯が食べたい。レンチンで激ウマ炒飯が食べたいというわがままをあっさり叶えてくれるひと品です。

専門店の味を越えている。冷凍炒飯のすさまじき進化！

日々進化を遂げる冷凍食品ですが、中でも急成長しているのが、冷凍炒飯ではないでしょうか？　各メーカーさん、「冷凍炒飯をどれだけ美味しくするか」の研究に余念がない。どの冷凍炒飯も、ご飯をいかにパラパラさせるかに、担当者は命をかけているんじゃないかと思うほどの仕上がり。

ひとつお願いがあります。

僕たち中華料理の職人の存続が危《あや》ぶまれるので、どうかメーカーさん、お手やわらかに！

焼めし600g——テーブルマーク

他の冷凍炒飯とは一線を画《かく》した、レトロなパッケージ。

確かに、味つけも、どことなく懐かしさ感じる醤油味。昔家庭でお母さんがつくってくれたあの「焼めし」。これは「チャイニーズの炒飯」ではなく、「ジャパニーズの焼めし」そのものの仕上がりです。

ちなみに焼めしと炒飯の違いは、使用する道具が鉄板か中華鍋か、卵投入のタイミングが後か先か、だそうです。

其の四

一度食べたら止まらない
やみつき麺

中華料理の麺料理は、主にラーメンと焼きそば。
汁あり汁なし、あんかけに、
麺をゆでたり、焼いたり、蒸したり、揚げたり――。
日本人のソウルフードにもなっている麺料理もまた、
炒飯に負けず劣らず、そのレシピも、可能性も無限です。
ここでは、中華一筋が自信を持ってお伝えしたい、
とっておきの麺レシピをそろえました。
濃厚でコク深い味わいは、ひと口食べたらもうひと口、
必ず箸を運んでしまうこと請《う》け合《あ》いの逸品ばかりです。

海老塩葱ラーメン

葱油蝦球湯麺

心の底から海老を堪能したい。

「オノマトペ」ってご存じですか？　オノマトペとは、状態や感情、もしくは動物の鳴き声や物音を模倣《もほう》したもので、いわゆる「擬音語《ぎおんご》」とか「擬態語《ぎたいご》」と呼ばれるものです。たとえば、「嫁がイライラしているときはゴロゴロできず、お腹がペコペコでもなぜかビクビクしてしまう」という文章。この「イライラ」「ゴロゴロ」「ペコペコ」「ビクビク」がオノマトペ。相手に状況や心情をわかりやすく伝えることができ、食レポなどにもよく使われます。

お蕎麦《そば》はツルツル、食パンはモチモチ、じゃがいもはホクホク、レタスはシャキシャキ、ゆったんがモグモグ、イチナベがガンガン、シバターはサバサバ、チーフはゲラゲラ。

こんな感じで、そのときの細かいニュアンスを上手に描写してくれるとっても便利なオノマトペなのですが、海老を食べたときのオノマトペといえば何でしょう？

ハイ。プリプリです。見事にプリプリです。アジアの超特急X-GUNにプリプリです。100歩譲ってプリプリです。宇宙人が侵略してきてもプリプリです。眠たくっても嫌われても歳をとってもプリプリです。消せないメニューの海老のページを指でたどりながらプリプリです。もうこのトキメキは止められません！

つくり方

海老塩葱ラーメン

このページの海老ラーメンに使用する海老は、どんな料理にも美味しさを遺憾《いかん》なく発揮し、和洋中にとどまらず世界中の料理に対して柔軟に対応するといわれている優れモノ、天然のアルゼンチン赤海老です。

実はヤツの万能レベルはマジ最強で、安価なのにもかかわらず身の味もミソの味も超濃厚で、そのうえサイズ感も適格という、料理人目線で見たらとっても使いやすい海老なんです。

さらに、刺し身や寿司、天ぷらはもちろん、頭から殻ごと食べられる塩焼きや海老フライ、エビチリに海老マヨ、アヒージョにから揚げなど、まさにNGなしの対応力。老若男女《ろうにゃくなんにょ》誰からも愛され、海老界における国民的スーパーアイドル級な才能の持ち主でもあるんです。

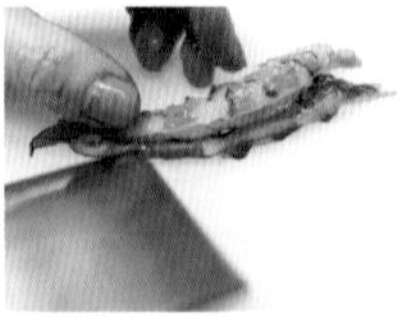

そんな赤海老の殻を丁寧にむき、背ワタを取り除くことから調理を始めましょう。

取った頭と殻は170度の油でじっくりと素揚げします。ある程度殻がカラッと揚がり、油に色がついてきたら、きれいに濾しましょう。蝦油の出来上がりです。

取り出した殻のほうはもちろん中華一筋名物「ビジュアル最低の最上級極上カス」になり、包丁で粉々になるまで丁寧

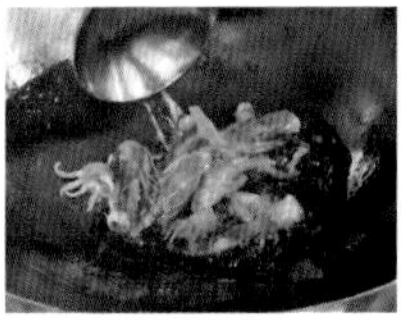

材料（1人分）

麺…150g
赤海老…3尾
軟白葱…40g
生姜…10g
蝦油…70g
蝦油の最上級極上カス…適量
揚げ油…適量
〈スープ〉
鶏ガラ・豚骨スープ…600cc
オイスターソース…小さじ1
塩…小さじ2
胡椒…少々
〈下味〉

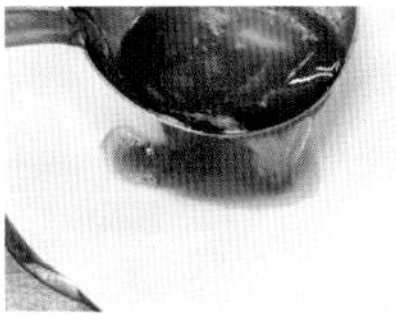

に叩き切ります。これで「極上カスのふりかけ」の出来上がりというわけです。

さて、海老の身のほうはというと、塩と胡椒で下味をつけ、卵と片栗粉で薄く衣をつけたら１６０度の油で油通ししておきます。

次に鶏ガラと丸鶏、豚骨と野菜でとったスープを鍋にかけ、塩、胡椒、オイスターソースで味を調えたら、温めておいた器に注ぎます。ボイルした中太麺をスープに浮かばせ、その上からみじん切りにした軟白葱と生姜をたっぷりとかけます。さらにその上に熱々に熱した蝦油をジューッと回しかけ、そしてその上に油通しをした海老をのっけて、さらにさらに極上カスのふりかけをたっぷりとかけたらようやく出来上がりです。

麺を食べ終えた後は、熱々ご飯を入れて辣油をチョイと足し、ピリ辛海老雑炊としての替えメシです。

赤海老の持つ真の力を存分に際立たせることができたこの海老塩葱ラーメン。

これがウマくないわけがありません。こんなんナンボあってもいいですからね。

卵…適量
片栗粉…適量
塩…少々
胡椒…少々

視聴者の声

・ついに自分たちがテロリストと自白しましたね（おまわりさん、この人たちです）。罰として、これからも毎日美味しい動画をアップするように(;´Д`A
(長明鴨)

・海老って捨てるところがないんだなあ。全部使い尽くしていて、見てても気持ちがいい。(om)

動画はコチラ

海老味噌葱ラーメン

葱油蝦醤湯麵

本当のマジウマいをカタチにする。

すっごく美味しいラーメンが出来上がりました。その名も「海老味噌葱ラーメン」。

中華一筋厨房の得意技「香味油シリーズ」で仕込んだ蝦油と油を取った後に残る甘海老の頭のカスをミキサーにかけてペースト状にした、すなわち「ビジュアル最低の最上級極上カス」をたっぷり使用したこのラーメンのもともとの名前は「海老カスラーメン」でした。

まかないガールズちゃんに「食べる？」と聞いてみたら「ハ？　カス？　ナニソレ？」と初来日した瞬間成田空港でテレ東の『ＹＯＵは何しに日本へ？』のスタッフに丁寧に呼び止められ、風も吹いていないのに金髪がなびいているように見える美形外国人のようなカタコトで、完全拒否。

マジウマいのにな……。

海老味噌葱ラーメン

つくり方

まず軟白葱に切れ目を入れてから、細切りにします。実は葱は切り方によって味や香りが大きく変わるのですが、この切り方はラーメンをとっても美味しくしてくれる切り方のひとつなんです。切る量は白い部分丸ごと1本です。

熱した鍋に油を引き、すりおろし大蒜、白味噌、極上カス（蝦醤）を焦がさないように弱火でじっくり炒め、香りと甘味を引き立たせます。そして鶏ガラスープ、料理酒、オイスターソース、塩、砂糖、醤油を入れ、味を調えます。

別の鍋でボイルをした麺を器に入れ、その上から海老味噌スープをかけます。さらにその上から軟白葱を山盛りのせ、辣椒粉《ラージャオフェン》（一味唐辛子）をパラリと振りかけ、熱々に熱した蝦油と大豆油のブレンドをジュワーッ！　とかけたら出来上がりです。

海老の身が入っているわけでもないのに、辺りに立ち込めるほどの海老の甘い香りと海老ミソと白味噌の濃厚な甘味、軟白葱の香り高い甘味。それらが一体となったエゲツナイほど美味しいラーメンです。日本人の99％が「マジウマい」と言うのではないでしょうか。もちろん完全拒否のまかないガールズちゃんも大喜びの逸品です。

材料（1人分）

麺…150g、軟白葱…50g、辣椒粉…適量、蝦油…大さじ3、大豆油…大さじ3

〈スープ〉
おろし大蒜…小さじ1/2、鶏ガラスープ…600cc、白味噌…大さじ3、醤油…小さじ1、オイスターソース…小さじ2、料理酒…小さじ2、砂糖…小さじ1、塩…少々、蝦油の最上級極上カス（蝦醤）…大さじ4

動画はコチラ

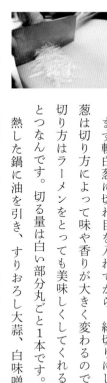

セッツァイあんかけ麺

雪菜肉絲湯麺

すべてはマジウマいのために。

日本では「ゆきな」と呼ぶ雪菜《セッツァイ》。今回使用するのは塩漬けに加工された缶詰ですが、詳しくはまかないガールズのゆったんに聞いてみましょう。

ゆったん「セッツァイは〜、冬に採《と》れる中国野菜で〜、高菜に似てる感じかな？」

チーフ「へぇ〜、そーなんだ！」

ゆったん「で、これはそのまま食べても美味しいし〜、油との相性がなんせ超X-GUNなので〜、炒めものに使うと最高の食材なんです！」

イチナベ「で？　どういうふうに使うの？」

ゆったん「炒めるときは〜、多めの葱油で強くわ〜っと炒めると香りがとってもよくて、風味豊かに仕上がります。でもコレハ、独特の香りがシテ、コレヲ料理にチョット使うだけで、プロッポク仕上ガルンデス…（カンペ読む）」

セッツァイあんかけ麺

つくり方

ゆったんの完璧で明確な説明により、雪菜に関しての情報は皆さんの脳裏に焼きついたのではないかと思いますが、補足を少しだけさせていただくと、日本での雪菜とは違い、ゆったんが持っている黄色の缶詰は、上海梅林《バイリン》省産のカラシナという野菜を塩漬けにしたもので、主に肉料理など中華料理の副材として使われることが多い食材です。ここではあんかけ麺での紹介ですが、炒飯の材料としての相性もバッチリな食材のひとつです。では、つくっていきましょう。

まず、豚肉を絲に切り、同じく絲切りにした筍と一緒に低温の油で油通ししておきます。熱した鍋に油を引き、雪菜と長めの絲切りにした白菜を軽く炒め、豚肉と筍を合わせます。料理酒を鍋肌から回しかけたら、胡椒を振り、鶏ガラスープを入れ、塩とうま味調味料で味をキメたら、水溶き片栗粉でとろみをつけ、胡麻油を垂らし、餡の完成です。

温めた器に醤油、塩、鶏油を入れてから熱々の鶏ガラスープを注ぎ、ボイルした麺を入れ、その上から熱々の雪菜餡をトロリとかけたら、一瞬にしてゆったんも「マジウマい」の一杯に仕上がりました。

材料（1人分）

麺…150g、豚もも肉…120g、雪菜…60g、筍…40g、白菜…100g、鶏ガラスープ…250cc、料理酒…大さじ2、うま味調味料…小さじ1/2、塩…小さじ1、胡椒…少々、水溶き片栗粉…適量、胡麻油…大さじ1/2

〈スープ〉

鶏ガラスープ…300cc、醤油…大さじ1、塩…小さじ1、鶏油…大さじ1

動画はコチラ

牛すじ麻婆麺

牛筋陳麻婆麺

相思相愛《そうしそうあい》の飯テロ料理。

恋人や友人、上司や部下などさまざまな人間関係において大変重要な要素のひとつに「相性」というものがあると思います。

一緒にいるとなぜか心地よかったり、価値観や好みが似ているなど、お互いに共感する部分が多く、長時間一緒にいてもストレスを感じることがない。なぜか不思議と気が合う。そんな関係の相手はやはり「相性」がよいのでしょう。

それは人間関係だけではなく、料理の世界も同じように食材同士の相性の良し悪しがあります。たとえば「トンカツとキャベツ」「刺し身とわさび」「から揚げとレモン」など、相性が抜群といわれる食べ合わせは、食べる人の身体によりよい相乗効果で医学的な効能をもたらしてくれるだろう素晴らしいものです。

だからこそ身体が欲求し、その食べ合わせを美味しく思えるのかもしれません。

では「麻婆豆腐」はどうでしょう?

「麻婆豆腐」と相性のいい食材という名のお相手は?

白子麻婆や麻婆茄子、麻婆春雨というところが一般的ではないでしょうか。

そんな皆さんへ、とってもマジウマい提案。「牛すじ麻婆麺」です。

牛すじ麻婆麺

つくり方

今回使用する「牛すじ」は、牛のアキレス腱《けん》ではなく、牛肉を各部位に切り分ける下処理の際に余分な筋や脂を取り除いて集めたクズ肉のようなものです。ということは、残念ながら選ばれなかった食材なんです。いわば、補欠選手のようなもの。がしかし、補欠には補欠ならではの魅力があります。ここではその燦然《さんぜん》と光り輝く「補欠の魅力」と「麻婆豆腐との相性」をご賞味ください。

集められた補欠の牛すじは、たっぷりのお湯で丁寧にアクを取りながらボイルします。ボイルした後のゆで汁はもちろん捨てません。次に、熱した鍋に油を引き、適度に切った玉葱と生姜を軽く炒めたら料理酒を鍋肌からかけ、先程のゆで汁を加えます。醤油、オイスターソース、甜麺醤、砂糖、塩、胡椒で味を調えたら、食べやすい大きさに切った牛すじを入れ、弱火で約2時間煮込み、これだけで食べてもマジウマい牛すじ煮をつくります（牛すじ煮と煮汁は分けておきます）。

熱した鍋に油を引き、郫県豆瓣醤、甜麺醤、おろし大蒜、辣椒粉を入れて軽く炒めたら、鶏ガラスープ、醤油、料理酒、豆豉醤、胡椒で味をつけ、牛すじ煮と煮汁、サイコロ大に切った絹ごし

材料

【牛すじ煮】
（つくりやすい分量）
牛すじ…3kg
玉葱…1個
生姜…1本
醤油…お玉1/3杯
オイスターソース
…お玉1/4杯
料理酒…お玉1/8杯
砂糖…ひとつまみ
甜麺醤…お玉1/3杯
塩…少々
胡椒…5振り
ゆで汁…お玉7杯

【牛筋麻婆麺】（1人分）
麺…150g
牛すじ煮…120g

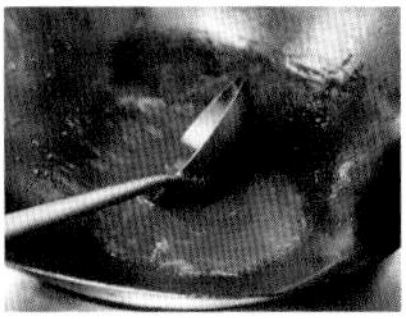

豆腐、みじん切りにした軟白葱、花椒粉を加えて煮込みます。水溶き片栗粉でとろみをつけ、花椒油と豆瓣老油《トウバンラオユー》で麻《マー》と辣《ラー》の香りをつけます。器に温めた鶏ガラスープ、醤油、塩、鶏油を入れたら、ボイルした麺を入れます。その上から、牛すじ麻婆をオン。細かく刻んだ小葱を散らしたら出来上がりです。

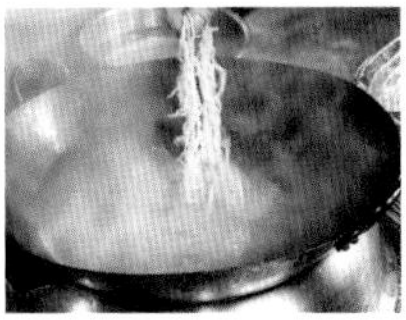

牛すじと麻婆豆腐の相性は、相乗効果で医学的な効能をもたらしてくれるものなのかどうかはわかりません。抗酸化作用や免疫力強化、老化防止などの効果があるようにはとても思えません。高カロリーで脂肪分もたっぷり、ヘルシーという言葉からははるか彼方《かなた》の遠い銀河系レベルの存在かもしれません。夜中に「飯テロだ！」とか言いながら調子にのってたらふく食べたものならば、翌朝１２０％の確率で後悔します。

がしかし。彼らの相性は間違いありません。きっとお互い一緒になって不安に感じることはないでしょうし、無言の時間が長くても気まずくなることはないでしょう。ケンカをしてもすぐ仲直りできるだろうし、お互い弱い部分を見せ、それを補い、愛おしく思える関係なのでしょう。もしかすると麻婆豆腐が他の食材と合わさることがあったとしても牛すじがヤキモチを妬《や》くことはないのかもしれません。そんな強い信頼関係があるからこそ補欠の牛すじも光り輝くことができるのでしょう。

絹ごし豆腐…１００g
軟白葱…20g
小葱…適量
おろし大蒜…小さじ1/2
煮汁…50cc
鶏ガラスープ…２２０cc
醤油…小さじ１
料理酒…小さじ１
郫県豆瓣醤…大さじ１
甜麺醤…大さじ１
豆豉醤…大さじ1/2
辣椒粉…小さじ１
花椒粉…小さじ１
胡椒…少々
水溶き片栗粉…適量

花椒油…大さじ１
豆瓣老油…大さじ１

〈スープ〉
鶏ガラスープ…１００cc
醤油…小さじ１
塩…小さじ１
鶏油…小さじ１

動画はコチラ

担担麺

擔擔麺

ややこしい名前と複雑な味わい。

「坦坦麺」と「担担麺」。「タン」という漢字が似ていて発音も同じなのですが、正解は「担担麺」。「担」は担《かつ》ぐという意味です。肩に担ぐ。

その歴史は、中国四川省成都の方言で「担担」は天秤棒のことをいい、天秤棒の片側に炭を使う七輪と鍋を、もう一方に麺、調味料、食器、洗い桶などを吊《つ》るして、担いで売り歩いたことからきているようです。天秤棒を担いで売るわけですから、スープなどは持てません。今日の「汁なし」のようなスタイルだったのでしょう。日本の担担麺は芝麻醤《チーマージャン》の濃厚な味が一般的ですが、本場成都の担担麺は豆板醤も芝麻醤も入らないようです。

ちなみに、「坦」は「高低差のない」「平坦な」といった意味。この文章を打っているときも「担担麺」が「坦坦麺」と誤変換。ややこしいです。

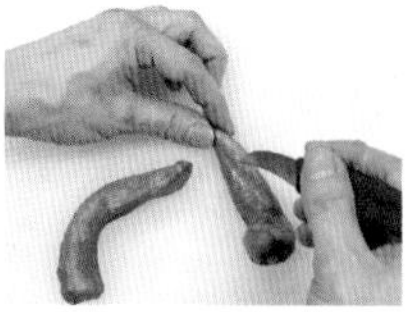

つくり方

担担麺

獅子《しし》唐辛子はヘタを切り、表面に細かく切れ目を入れて熱と味を通りやすくし、油通しをしておきます。搾菜《ザーサイ》は細かくみじん切りにし、豚挽き肉、おろし大蒜、うま味調味料と一緒に炒めて炸醤をつくっておきます。

鍋に鶏ガラスープ、紹興酒、醤油、落花生粉、すり胡麻、香辣醤、芝麻醤、みじん切りにした長葱を入れて熱したら、沸騰する直前に火を止めて酢を加え、ボイルして器に入れた麺の上からかけます。その上に炸醤をのせ、獅子唐辛子を盛りつけたら辣油を回しかけて出来上がり。

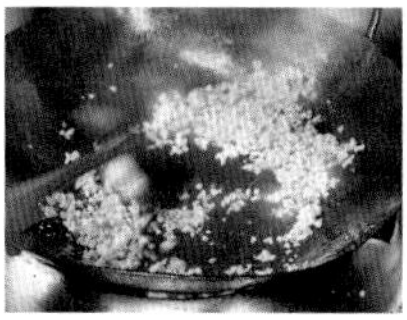

中華一筋厨房の日常はまさに戦争。調理ソルジャーと化した料理人たちが包丁や鍋、お玉という武器を片手にそれぞれの調理を担当し、お客さまから「マジウマい」をいただくというミッションを抱え、鬼の形相《ぎょうそう》で果敢に挑《いど》んでいます。その激戦区に赴《おもむ》くKMOもまた敵に立ち向かう勇敢《ゆうかん》な兵士。まかないガールズたちは、戦地に赴く兵士たちを癒してくれる戦場のナイチンゲール。いくつもの戦いで傷を負ったKMOのハートをレンゲやお箸という器具で癒してくれるのです。そんな彼女たちと一緒に食べる担担麺。「マジウマい」ったらないのです。

材料（1人分）

麺…150g、豚挽き肉…100g、搾菜…50g、おろし大蒜…小さじ1/2、獅子唐辛子…2本、うま味調味料…少々、辣油…大さじ1と1/2

〈スープ〉
長葱…20g、鶏ガラスープ…600cc、紹興酒…大さじ1、落花生粉…小さじ1、白すり胡麻…小さじ1、醤油…大さじ3、酢…大さじ1弱、香辣醤…小さじ1/2、芝麻醤…大さじ4

動画はコチラ

切り干し大根炒麺

蘿卜干絲炒麺

カンソウさせてモドシます！

切り干し大根は、天日乾燥によって生の大根よりもカルシウム、鉄、ビタミンB_1やB_2などの栄養価が高く食物繊維も豊富で、生で食べるよりも栄養を摂取しやすいことから、動脈硬化の予防や便秘の改善、ガン予防、ダイエットなどにも効果が期待できるようです。このページでは、そんな栄養満点の切り干し大根で、超スーパー激ウマなひと品をご紹介させていただきます。

しかも、あまりの美味しさにどうやらととのってしまったようです。

チーフ「切り干し大根とかけまして、フルマラソンと解きます」

イチナベ「その心は?」

チーフ「どちらもカンソウが大切です」

KMOです。

切り干し大根炒麺

つくり方

この炒麺のウマさの秘訣は、切り干し大根の持つ風味と歯応え、そしてすべてを包み込むようなまったり感のある乳化スープにあります。まず固ゆでした麺は鍋で両面丁寧に焼き、皿に盛ります。

葱油を熱した鍋で、鷹の爪、絲切りにした豚肉、ハス切りにした軟白葱を入れさっと炒めます。すりおろし大蒜と長めの細切りに切った白菜を加えて軽く炒めたら、鶏ガラスープ、塩、うま味調味料、料理酒で薄めに味を調え、ここで切り干し大根を投入します。ここまでも火力は全開でしたが、ここからも全開バリバリ。味見をしながら煮詰めていき、しっかりと乳化させ、鍋に焦げつかないように回したりあおったりしながら全神経を集中させせます。白濁したスープがとろみをつけ、鷹の爪の赤がスープに黄色味をつけます。

皿に盛ってあるカリフワに焼いた麺にちょうど合う程度のスープの量まで煮詰め、最後に味見をしたら、麺の上からかけて出来上がりです。

チーフ「切り干し大根とかけまして、飲みすぎたときと解きます」
イチナベ「その心は？」
チーフ「どちらもモドシが必要です」

材料（1人分）

麺…１５０ｇ、豚バラ肉…１５０ｇ、白菜…１２０ｇ、軟白葱…50ｇ、おろし大蒜…小さじ1/2、切り干し大根（戻した状態）…１００ｇ、鷹の爪（輪切り）…２ｇ、鶏ガラスープ…５００cc、料理酒…大さじ2、うま味調味料…小さじ1と1/2、塩…小さじ2、葱油…大さじ3

動画はコチラ

トリュフ炒麺

松露炒麺

グローバルな視点から融合された絶品。

職人と呼ばれている人たちは頑固で偏屈《へんくつ》者が多いんです。ひとつの技能に人生を捧げ、自分の技術に自信と誇りを持つ反面、自分が習得していない技術や王道から外れた創意工夫を嫌う傾向にあります。しかし、まわりから見ればそれが職人をリスペクトする一番の要因でもあり、「頑固一徹《いってつ》＝素晴らしい技術」というイメージが一般的なのでしょう。でも、やはり常に柔軟な考えを持ち、どんなことにも興味を示し、そこからさまざまな新しい発想がじゃんじゃん生まれてくることに対して訝《いぶか》しむことなく歓迎するスタンスであり続けたいと、僕は思っています。

そしてそれが職人という立場であるならなおさらです。というわけで、チーフ渾身《こんしん》の創作、トリュフ炒麺です。

トリュフ炒麺

つくり方

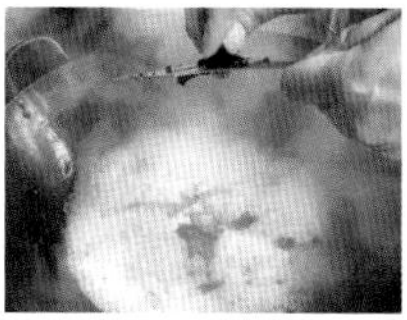

熱した鍋に葱油を引き、鷹の爪、みじん切りにした大蒜、ハスに切った軟白葱、スライスした豚肉を入れて炒めます。鶏ガラスープと白湯スープを加え、高温で炊いて乳化させます。

塩、胡椒を振り、ひと口大に切ったエリンギと、別の鍋で固ゆでした麺を加え、乳化を促進させます。強火で乳化させながら、5cm幅に切った韮と、サマートリュフをスライスしながら入れます。自然ととろみがついてきたら、味を確認しながら煮詰めます。汁気がなくなったら皿に盛りつけ、上からたっぷりの追いトリュフをスライサーでかけたら出来上がりです。

MGゆったん大満足の国境を越えた創作炒麺です。

中国料理もいつの間にか日本料理のような器を使い、フレンチのような盛りつけをし、こだわったサービスを提供するといったスタイルが主流になりつつあります。食材や調理法にしてもそれぞれの優れた部分を応用しながら取り入れ、その都度変化を続けています。変えるべきものと変えてはならないものをきちんと区別するためにも、常にやわらかく新たな発想を気持ちよく受け止められるよう心がけたいものです。

材料（1人分）

麺…150g、豚もも肉…30g、韮…5g、エリンギ…25g、軟白葱…20g、サマートリュフ…1個、大蒜…1片、鷹の爪（輪切り）…2g、鶏ガラスープ…350cc、白湯…100cc、塩…小さじ1、胡椒…少々、葱油…大さじ2

動画はコチラ

あんかけ焼きそば

什錦炒麵

唯一無二《ゆいいつむに》のキャベツあんかけ。

皆さんはどんな焼きそばがお好きですか？

ひと口に「焼きそば」といってもそれはそれはさまざまで、ソース焼きそばだったり醤油味の上海焼きそばだったり、ペヤングだったり、U.F.O.だったり、中華麺を揚げたり焼いたり炒めたり。

さらには、さまざまな創作により、驚くほどいろいろな焼きそばが存在するようで、Wikipedia《ウィキペディア》で「焼きそば」をポチッてみれば、日本各地のご当地焼きそばだけでも実に50種類以上あるようです。

何だかイメージ的にはラーメンに比べて人気度が低く地味な気もしますが、日本人はみんな焼きそばが大好きなんですね。例にもれず、中華一筋厨房でも大人気。種類もいろいろです。あんかけ焼きそばひとつとっても、麺がしっとり焼いてあったり、パリパリに揚げてあったり、塩ベースだったり、醤油ベースだったり。何をつけて食べるかというのも楽しみのひとつ。辛子だったり、お酢だったり、辣油だったり、マヨネーズだったり。

ちなみにチーフの父親は、ウスターソースをシコタマぶっかけて「ウマい、ウマい」と言って食べてました。まさに「お好みで」ですね。

あんかけ焼きそば

材料（1人分強）

麺…180g
豚もも肉…40g
海老…5尾
イカ…90g
あさり（むき身）…5個
キャベツ…130g
小松菜…40g
人参…10g
筍…15g
木耳…15g
軟白葱…3g
鶉の卵…2個
生姜…3g
鶏ガラスープ…300cc
紹興酒…大さじ2
醤油…大さじ2と1/2
うま味調味料…小さじ1
塩…適量

つくり方

ところで、中華一筋厨房に限らず、世の中のレストランで働くまかない担当はとにかく大変なんです。だって毎日昼夜と（時には朝ご飯まで）バラエティ豊かな献立を、限られた食材の中で限られた時間に限られた場所で、自分担当の仕事を当たり前のようにこなしつつ、食べるスタッフの好みや健康、ご機嫌にも配慮《はいりょ》しつつ、時に褒《ほ》められ、時にヤジられ、人気がなければ大量に残され、人気があれば足りないと罵られ、ホメラレモセズ、クニモサレズ、サウイフモノニ、ワタシハナリタイ。

と、思えてしまいそうなくらいに大変なんです。

こんなことをつぶやいていたら毎日の食卓を管理されている世の主婦（主夫）の方々に怒られそうですが、世の主婦の方々に怒られる前に、中華一筋厨房ではまかないガールズちゃんたちからヤキが入ってしまいます。

というわけで、このページは白菜ではなく、キャベツをメイン食材にしたマジウマいあんかけ焼きそばです。

では、まず具材の切り込みからしていきましょう。

キャベツは大きめのひと口サイズに切りますが、芯の厚い部分は削ぎ切りし、葉の部分は大きめに切ります（この後熱

を均一に入れることを考慮した切り方にします）。筍と人参もひと口大にスライスし、一度さっとボイルします。

薬味に使用する軟白葱と生姜は１cm程度のひし形薄切りにします。小松菜は食べやすい大きさに切り、木耳は石づきを取り除きます。海老は殻をむき、イカは皮をはいで裏側に網目状の切れ目を入れ、ひと口大に。豚もも肉は片（スライス）に切り、卵と片栗粉で薄く衣をつけ、海老とイカも同様に塩、胡椒を振った後、衣をつけます。

麺は、蒸籠で5分蒸してからよくほぐし、さらに2分ボイルした後、よく熱した鍋で両面をカリフワに焼き、油切りしておきます。下準備はここまで。ここからは仕上げです。

１５０度の油で豚肉、海老、イカを油通しします。鍋に油を熱し、軟白葱と生姜を軽く炒めてから、キャベツ、人参、筍、木耳、あさり、豚肉、イカ、海老を入れ、鍋肌から紹興酒を回し入れ、醤油を加えます。炒めながら鶏ガラスープを入れ、塩、うま味調味料、胡椒を振って味を調えます。小松菜とゆでた鶉《うずら》の卵を加えてあおり、水溶き片栗粉でとろみをつけ、胡麻油を垂らし、お皿の上にふわっと盛った麺の上からたっぷりとかけたら出来上がりです。

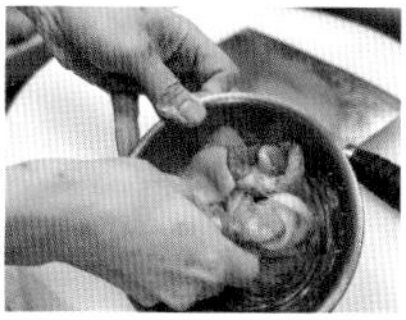

胡椒…適量
水溶き片栗粉…適量
胡麻油…少々
〈下処理〉
卵…少々
片栗粉…少々

視聴者の声

・葱の切り方やイカの包丁など、仕事が実に丁寧！まかないとはいえ、これは相当にウマいでしょうね。ちなみに、私の好きな焼きそばが、まさにこれ。生麺→蒸し→湯通し→焼き、この工程の両面焼きです。ウマそうだからといってがっつくと大火傷、の、あれ（笑）。（金井義衛）

動画はコチラ

サバンメン

鲐魚罐头拌麺

太陽戦隊 サバンメンＲＸ７。

ここ数年で栄養価の高さがやたらに注目されているサバ缶。このブームの牽引役《けんいんやく》は、サバジェンヌこと池田陽子《いけだようこ》さん。やはり美女がすすめると流《は》行《や》りやすくなるのでしょう。うんうん、わかります。美容やダイエットにもいいようで。サバジェンヌがそうおっしゃるならそりゃ間違いありません！　そのまま食べても美味しく、アレンジもしやすく、思わずサバジェ……いやサバ缶を抱きしめたまま眠りにつきたくなるほどの魅力。

そんなスーパーフード「サバ缶」に出合い、今日も熟女キラーといわれて名高いイチナベさんの創作意欲がふつふつと湧いてきたようです。

「サバ缶＋拌麺《ばんめん》」というと一般的には少し想像しにくい感じですが、人呼んで『太陽戦隊 サバンメンＲＸ７』という名前でどうでしょうか。

サバンメン

つくり方

サバは青魚界のキングカズといわれるほど身体にいいとされる油、ＥＰＡやＤＨＡを豊富に含んでいます。中でもサバ缶は、調理せずとも骨まで食べられるというお手軽さなうえ、長期間常温で保存できるという手軽さも重なりブームになったようです。

今やスーパーなどの陳列棚《ちんれつだな》にはたくさんの種類のサバ缶があふれていますが、今回使用したのは、八戸の自社工場で製造した国内産のサバと、信州味噌でつくった味噌ダレをギュッと缶詰にした『ＨＯＫＯ日本のさば　味噌煮』です。

サバの半身はひと口大に切り、もう半身はボウルの中でほぐします。みじん切りにした軟白葱とサバ缶の汁、醤油、芝麻醤、砂糖を入れて混ぜたら、熱々に熱した落花生油をかけます。

麺は、ボイルをしたら軽く水洗いをし、よく水切りしてボウルに入れ、サバも加えて混ぜ合わせたらお皿に小高く盛りつけます。その上から小さく切って油通しをした茄子と絲切りにした生姜、ひと口大に切ったサバの半身と絲切りにした青葱をのせ、胡麻を散らし、辣油を回しかけ、最後に花椒粉を散らしたら出来上がりです。

材料（1人分）

麺…100g、サバ缶（味噌）…1缶、茄子…1/2本、軟白葱…3g、青葱…10g、生姜…2g、白炒り胡麻…適量、サバ缶の汁…適量、醤油…小さじ1/2、砂糖…少々、芝麻醤…大さじ1/2、花椒粉…適量、辣油…適量、落花生油…小さじ2

動画はコチラ

相棒 No.3

お玉

カエルの子は「オタマジャクシ」。その語源が調理器具の「お玉杓子《じゃくし》」からきているという事実をご存じでしょうか？　確かに形が似ているといえば何となく似ています。

　そんなカエルの子の由緒正しい名付け親、お玉杓子ですが、僕たち中華料理人には絶対に欠かすことのできない相棒であり、日本における中華料理人のほぼすべての人がネコも杓子も彼に敬意を表し、愛情を込めて「お玉」と呼び、毎日をともにしています。

　まだお玉の使い方がよくわからなかった新人の頃、先輩方から口々に言われたことは、「自分の手のように使えるようにならないといけない」ということでした。それはまさに「右腕」ということなのでしょう。

ネコも杓子も敬意を表し 愛情込めるオタマジャクシ

　お玉は、毎日さまざまなトレーニングを行うため、とっても頑丈なボディを誇ります。使用しているうちに柄《え》が曲がってきたり、角がつぶれてきたりと、使う者のクセがお玉にも表れてくるのです。

　だからといって決して使いづらいわけではありません。少しずつ形が変わっていくのは、きっと右腕に近づいている証《あかし》なのでしょう。

其の五

クセになる激辛おかず

生まれたときから辛いもの好き。
そんな猛者もいるのでしょうが、昨今の「激辛ブーム」は、
加速する「ストレス社会」が背景にある、なんて話もチラホラ。
急に辛いものが食べたくなった……、そんな味覚変化は、
心理状態を反映するバロメーターなのかもしれません。
痛いほど辛いものは、一時的に気持ちをごまかせるのでしょう。
ただ、中華一筋が、ストレス発散にぜひおすすめしたいのは、
単なる辛いものではなく、「マジ辛くて、マジウマいもの」。
それこそ、一瞬で人を幸せにしてくれる万能薬です。

宜賓燃麺

宜賓燃面

麻と辣のロングセラー。

皆さんは「マー活」という言葉をご存じでしょうか？　ハムカツではありません、マー活です。

中国四川料理を食べてその神髄《しんずい》、痺《しび》れる「麻」と辛い「辣」を体感しようよ！　という活動のことをいうようですが、ここ数年はとにかくこの麻辣という味覚が日本人の舌を虜にし、胸を躍らせ、心をわしづかみにしており、その証拠に東京都内では四川系の中国料理店が一段と大盛り上がりしているようです。

確かに「痺れる」って味覚は今までの日本ではそうそうポピュラーではなかったですよね。ただ、一度その心地よいウマさを知ったらドハマリしてしまうというのもうなずけます。

四川省南部に位置する宜賓《イービン》の名物料理「燃麺《ランメン》」は、そんな「マー活」にぴったりなひと品です。

つくり方

宜賓燃麺

まずは牛肉を細かく叩き、紹興酒、醤油、砂糖で炒めて炸醤をつくります。ボウルには砂糖、醤油、鎮江香醋《チンコウコウサク》を入れてよく混ぜ、合わせダレをつくっておきます。次は和えダレです。ボウルにすりおろし大蒜、豆板醤、辣椒粉、みじん切りにした軟白葱を入れ、その上から熱々に熱した落花生油をかけ、さらにそこへ豆瓣老油と花椒油を入れます。

和えダレのボウルに、固ゆでした平打ち麺と軽くボイルしたもやしを入れたらよく混ぜ合わせます。さらに合わせダレをかけてよく混ぜ、麺にタレを絡ませて美味しそうな橙色《だいだい》に染め上げます。

ＳＮＳに映える真っ赤なお皿を１００円ショップにダッシュして購入してきたらそこへ小高く麺を盛り、上から芽菜《ヤーツァイ》をたっぷりとかけます。牛肉の炸醤、細く切り刻んだ泡辣椒、細かく砕いたカシューナッツ、軽く炒った胡麻をセンスよく盛りつけ、たっぷりの花椒粉を散らし、たっぷりの香菜を盛りつけたら出来上がりです。

まさに口の中が熱く燃えるような「辣」とジンジンと痺れるような「麻」が織りなす刺激的な燃麺で、マー活してみてください。

材料（１人分）

平打ち麺（うどんの乾麺でも可）…１６０g、もやし…15g、香菜…適量、芽菜…20g、泡辣椒…２本、カシューナッツ…適量、白炒り胡麻…適量、花椒粉…適量

〈炸醤〉
牛肉…80g、紹興酒…小さじ1、醤油…小さじ1、砂糖…小さじ1

〈合わせダレ〉
醤油…大さじ2、砂糖…大さじ1、鎮江香醋…大さじ1

〈和えダレ〉
軟白葱…5g、おろし大蒜…少々、豆板醤…大さじ1/2、辣椒粉（一味唐辛子）…大さじ1、落花生油…大さじ1と1/2、豆瓣老油…大さじ1、花椒油…大さじ1

動画はコチラ

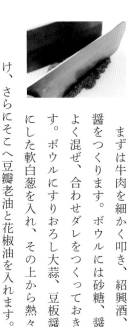

よだれ鶏

口水鶏

思わずよだれが出てくる。

近年、日本でもメジャーになってきたよだれ鶏。今や中国料理店のみならず、さまざまなお店で楽しむことができます。

そもそもこのヘンテコな料理名の由来をご存じでしょうか？

それは中国四川省出身の文学者、郭沫若《カクマツジャク》が著書の中で、

「嘉定の町の白斬鶏《バイチャンチ》は特に有名だった。作り方は簡単で鶏を水に入れて丸煮にし、よく煮えてから肉をうすく切り、トウガラシ醤油を加えてかきまぜるのである。（中略）まっ白の鶏肉、真っ赤なトウガラシ、濃厚な醤油、……こう書きながらも、つばが思わずわいてくる」（『郭沫若自伝1』小野忍・丸山昇訳／平凡社より）

と書いたことによって、その名がついたとされています。

原文にある通り、よだれ鶏のもととなった「白斬鶏」。重慶《ジュウケイ》で進化を遂げて、今のよだれ鶏の形になったようです。

ということで、ぜひ皆さんもまかないガールズだけではなく、このよだれ鶏にもよだれをタラタラ垂らしていただけないかなぁと思った次第です。

さぁ、つくってみましょう。

よだれ鶏

つくり方

「よだれ鶏」とひと口に言っても、インターネットやレシピ本など、実にさまざまなよだれ鶏のつくり方が世の中を席巻《せっけん》しています。その多くが「簡単に」「家庭でもつくれる」「レンジで5分」「混ぜるだけ」のような、誰にでもすぐにつくれるキーワードが満載のつくり方。もちろんそれらを否定するわけでは決してありませんし、マウントを取りたいわけでもありません。「トレンド」というものは「誰もが簡単に手を伸ばせばすぐ届く」的な要素から出来上がるものでしょうし、歴史ある中国料理のひと品が日本でこうしてブームになるなんて、本当にアリガタイのひと言に尽きます。がしかし。「本気の本当のマジウマいというものは、そう簡単にはつくれない」って僕らは言いたくなっちゃうんです。

まず、国内産のフレッシュな鶏肉を用意。冷凍肉と比べ、仕上がり時の美味しさの差が、間違いなく金額以上の差になるはずです。さらに部位はもも肉です。胸肉を使用したヘルシーよだれ鶏が世にあふれていますが、やはりやわらかくてジューシーで皮付きの旨味たっぷりの鶏もも肉が合うと、僕は思います。

さあ、鶏肉を青葱と生姜の入った熱湯で40分下ゆでします。

次にボウルに入れた鶏ガラスープに、紹興酒と塩、青葱、ス

材料（2人分）

鶏もも肉（国産）…1枚
茄子…1本
赤パプリカ…5g
香菜…適量
軟白葱…5g
カシューナッツ…適量
白炒り胡麻…適量
揚げ油…適量

〈浸け込み汁〉
青葱…2本
生姜…スライス3枚
鶏ガラスープ…600cc
紹興酒…大さじ1
甘草…適量
香沙…適量
良姜…適量
陳皮…適量

ライスした生姜を入れ、甘草《カンゾウ》、香沙《シャンサ》、良姜《リョウキョウ》、陳皮、八角《ハッカク》、桂皮《ケイヒ》、花椒、十三香粉《スーサンシャンフェン》を布で丁寧に包んでから入れ、浸け込み汁をつくり、下ゆでした鶏肉をその中で丸1日漬け込んで香りを染み込ませます。よだれ鶏はこの工程がとっても大切なのです。次に茄子をくし形切りにして170度の油で素揚げし、よく油を切っておきます。

　ボウルに老酒、醤油、甜醤油《テンジャンユ》、老抽王、米酢、砂糖、鎮江香醋、油辣椒《ユーラージャオ》を入れてよく混ぜ、合わせダレをつくります。別のボウルには、葱油と辣油を合わせます。

　さぁ盛りつけです。素揚げしてしんなりとやわらかくなった茄子のくし形切りをさらに半分に切り、お皿に盛りつけます。この茄子は鶏肉の土台になります。次に浸けてあった鶏肉の端を切り、茄子に並べます。鶏肉は食べやすい大きさに切り、茄子の上にセンスよく盛りつけます。その上から合わせダレ、葱油と辣油をかけ、みじん切りにした赤パプリカと軟白葱、そして砕いたカシューナッツ、炒り胡麻をパラパラとかけ、中央に香菜をたっぷりとのせたら完成です。家庭でつくるには少しハードルの高いよだれ鶏だと思いますが、そのハードル以上のウマさを保証します（たぶん）。

八角…適量
桂皮…適量
花椒…適量
十三香粉…適量
塩…小さじ2.5

〈合わせダレ〉
老酒…20g
醤油…90cc
甜醤油…60g
老抽王…60g
米酢…10cc
砂糖…60g
鎮江香醋…90cc
油辣椒…20g

葱油…大さじ3
辣油…大さじ3

〈下ゆで〉
青葱…3本
生姜…スライス3枚
水…1ℓ

動画はコチラ

白身魚麻と辣の花椒煮込み

花椒魚片

複雑な香りの「香漢方油《シャンハンフォンヨウ》」が主役。

東京の原宿竹下口明治通り沿いに『龍《りゅう》の子《こ》』という四川料理の老舗有名店があります。１９７７年創業で、流行に敏感な若者たちが行き交う街で、長きにわたり中国四川料理の伝統を残しつつ、常に新しい料理を提供している、全国の中国料理人たちの聖地と呼ばれるような素晴らしいお店です。

香辛料は四川省から取り寄せて本場の味を守りながら、自家製の調味料も使用して日本人好みの辛さや味つけに調節しています。そんな『龍の子』の人気料理のひとつ花椒魚片《ホアジャオユーピエン》。

もともとは水煮魚片というじっくりと時間をかけて煮込んだ料理。麻と辣が織りなす香りに加え、6種類の香辛料がより複雑な香りに仕上がった極上の逸品を、中華一筋スタイルでご紹介させていただきます。

白身魚麻と辣の花椒煮込み

つくり方

大豆油を鍋で程よく熱したら、朝天辣椒を入れ、弱火でじっくりと香りを油に移していきます。朝天辣椒の色がほんのりと黒ずんできたら、その上から四川花椒と青山椒を入れ、さらに弱火で30分ほどじっくりと温め、この料理のメインともいえる香漢方油の骨組みを建てていきます。

時間が経ったら朝天辣椒と四川花椒、青山椒を別々に取り出し、今度はその油の中へ６種類の香辛料（丁香《チョウコウ》、桂皮、八角、香沙、甘草、良姜）を入れ、さらに40分ほどじっくりと弱火で炊き、時間が経ったら香辛料を丁寧にすべて取り除きます。

白身魚は適度な大きさに切ったら、味を染み込みやすくするために切れ目を入れ、鶏ガラスープと紹興酒を合わせて、あまり身がかたくならない程度にボイルします。

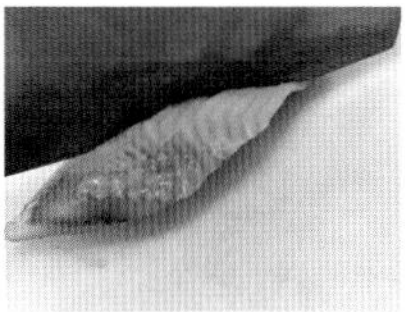

白身魚がゆで上がる寸前に豆もやしを入れ、一緒にゆでたら取り出し、煮汁を塩と胡椒で味を調えたら、器へ盛りつけた白身魚と豆もやしの上からかけます。その上に取り出した四川花椒と青山椒をのせ、１６０度に熱した香漢方油をたっぷりと一気にかけて完成です。

材料（３人分）

白身魚…３００g、豆もやし…50g、鶏ガラスープ…４５０cc、紹興酒…大さじ1、塩…小さじ1/2、胡椒…少々

〈香漢方油〉

朝天辣椒…２００g、四川花椒…１００g、青山椒…１５０g、丁香…少々、桂皮…少々、八角…少々、香沙…少々、甘草…少々、良姜…少々、大豆油…２００cc

動画はコチラ

麻婆豆腐

麻婆豆腐

そうだ。麻婆豆腐、食べよう。

気持ちが落ち込みそうなときや、何をやってもうまくいかないとき、そんなときは熱々の麻婆豆腐をがっつくに限ります。

そもそも麻婆豆腐は、中国四川省成都の北郊外の万福橋《ワンフーチャオ》で陳興盛飯舗《チェンシンチェンファンプー》を営む陳森富《チェンセンフー》氏の妻の劉《リュウ》氏が、材料の乏しいなか、あり合わせの材料で来客向けにつくったのが最初とされる、麻と辣が織りなす、際立った刺激の香りがクセになる豆腐料理です。

日本では、故陳建民氏が１９７０年にＮＨＫのご長寿番組『きょうの料理』で披露《ひろう》したことで麻婆豆腐が広まりました。当時日本で手に入らなかった食材や調味料などもあり、独自の進化を遂げた結果、さまざまな調理法が確立。現代では、家庭でつくる麻婆豆腐から本場成都式の麻婆豆腐まで、ありとあらゆる調理法の麻婆豆腐が日本中を席巻しています。

プロの料理人の方もそうでない方も、それぞれにこだわりや特徴、美味しさの秘訣などが随所《ずいしょ》にあるかと思いますが、どんな麻婆豆腐でも「麻婆豆腐」という名前がついているだけでなぜか美味しく感じられてしまう、そんなニクイところもたまりません。

ビールのお供によし、熱々ご飯にかけてもよし。寒い冬にフーフー言いながら食べる麻婆豆腐もサイコーならば、暑い夏に汗だくでヒーヒー食べる麻婆豆腐だってマジウマいのです。

つくり方

ということで、中華一筋式麻婆豆腐、さばいていくぅーッ！

まずさばかなければならないのは豆腐ですが、今回使う豆腐は木綿です。用途に応じて絹ごし豆腐も使用しますので、絹ごしがダメなわけでは決してありません。ここはそのときの好みでいいと思います。切り方は厚さを3分の1にスライスした後、縦に2等分、横に7等分の大きさで切るとちょうどいい大きさになりますが、もともとの大きさもそれぞれですので、ここも好みの大きさでいいでしょう。切った豆腐はひとつまみの塩（分量外）を入れた湯で、軽くボイルをします（沸騰はさせません）。ボイルすることで豆腐が崩れにくくなり、余分な水分が出て味がぼやけることを防ぎます。ボイルした豆腐はすぐ水にさらしておきます。

次に炸醤をつくります。豚挽き肉を、脂が澄んで透き通り、パラパラになるまでよく炒め、紹興酒、醤油、甜麺醤を入れて味を染み込ませるように炒めたら一旦ボウルに取り出します。

長葱はみじん切りにし、葉大蒜は3cm程度の長さに切ります。

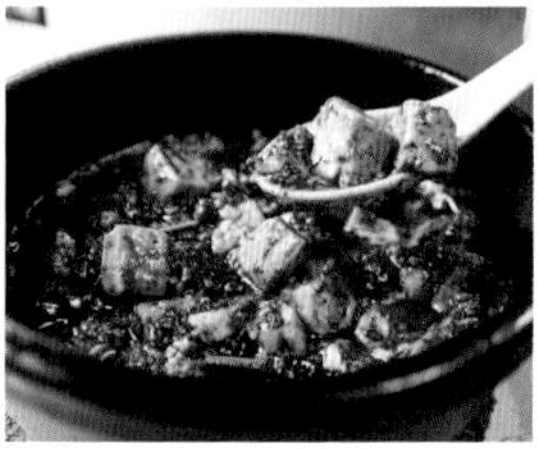

材料（2人分）

木綿豆腐…260g
長葱…30g
葉大蒜…適量
おろし大蒜…小さじ1
鶏ガラスープ…180cc
紹興酒…小さじ2
醤油…小さじ1と1/2
うま味調味料…小さじ1
油辣椒…小さじ1と1/2
郫県豆瓣醤…大さじ1と1/2
豆豉醤…大さじ1/2
朝天辣椒面…小さじ1
花椒粉…小さじ1
胡椒…少々
水溶き片栗粉…適量
花椒油…大さじ1
豆瓣老油…大さじ1

さぁ、仕上げていきましょう。熱した鍋に多めの油を引き、油辣椒、すりおろし大蒜、郫県豆瓣醤、豆豉醤を入れ、焦げつかない程度に弱火でしっかりとよく炒めます。次に朝天辣椒面、鶏ガラスープ、炸醤、紹興酒、醤油、うま味調味料を加えたら胡椒を振り、葉大蒜と水気をよく切った豆腐を静かに入れ、崩さないように煮込みます。豆腐を加えたらお玉の裏側を使い、やさしく混ぜながら煮込むことが大切です。

長葱のみじん切りを加え、ある程度煮込んだら水溶き片栗粉でとろみをつけます。鍋を回しながら少しずつ片栗粉を落としていく感じで固めます。さらに花椒油と豆瓣老油を加え、鍋を回しながらしっかりとよく焼きます。実はこの工程が麻婆豆腐をつくるにあたってとても大切で、強火でグツグツと鍋を回しながら、鍋底に適度な焦げがつくまでしっかりと焼きを入れることで余分な水分を飛ばし、香りを全体に行きわたらせ、程よい艶を生むことができるのです。熱々の鉄鍋に盛りつけ、花椒粉を上から散らしたら出来上がりです。辛さが足りなければ辣油を足しましょう。

麻婆豆腐の痺れる「麻」と火を噴《ふ》いてしまいそうな「辣」、熱々でフワトロな食感と鼻腔をくすぐる複雑な香りがたまりません。コレを書いている今も、口の中にたまったよだれが思わず垂れてきそうです。

〈炸醤〉
豚挽き肉…100g
紹興酒…大さじ1
醤油…大さじ1と1/2
甜麺醤…大さじ1と1/2

視聴者の声

・もう麻婆豆腐は日本食なんじゃないかってくらい食べるし、ちょっと料理する人なら調味料の分量をオリジナルにして作っちゃうよね（笑）。（国木田ズラ丸）
・住所教えるので我が家で作って下さい！　白米と金麦用意しときますね。（おリブ）
・見てるだけで調理スキル上がったような気になるし、麻婆豆腐うまそうだし…素晴らしい。（ぬむぬむ）

動画はコチラ

ピータンと軟白葱の唐辛子炒め

宮保皮蛋

呉《ウー》さん直伝、門外脱出料理。

ピータンはお好きですか？　勝手な想像ですが、ほとんどの方が「食べたことない」もしくは「臭いから嫌い」と答えるのではないでしょうか。ピータンは、アヒルの卵をアルカリ性の条件で熟成させてつくる食材で、独特のアンモニア臭が特徴的です。しかし、実はクセの少ない美味しいピータンもたくさんあるのです。

特に台湾産「松花皮蛋《ショウカピータン》」は、嫌な臭みがまったくなく、濃厚な旨味と、とろけるチーズのようなまったりとした口触りの黄身が心地よい、日本人にとっても親しみやすいピータンのひとつといえます。さらに、ピータンといえば、やはり前菜のイメージが強いかと思いますが、実をいうと、案外そうでもないのです。

コレ、マジウマいんです。

ピータンと軟白葱の唐辛子炒め

つくり方

実は、この料理のもととなる料理を教えてくれたのは、台湾出身の料理人の呉さんという方で、チーフが修業時代に大変お世話になった料理人のひとり。せっかちで、一度キレたら誰も止めることができないほどの暴れん坊、数々の武勇伝《ぶゆうでん》を持った昔気質な料理人でもあります。そんなブチギレ呉さんの、直伝門外不出のピータン料理のつくり方を、門外に出してしまいましょう。

半熟の黄身が特徴の松花ピータンの殻をむいて8等分のくし形切りにした後さらに半分に切り、片栗粉を薄く丁寧にまぶして油通し。軟白葱もハス切りにし、軽くさっと油通ししておきます。

次に大豆油で干辣椒《カンラージャオ》を軽く炒め、ピータンと軟白葱を戻し入れ、料理酒を鍋肌からかけ、塩、うま味調味料、胡椒を振り、酢と胡麻油を加えて強火で一気に炒めたら完成です（ピータンを入れてから完成まで約20秒が目安）。

松花ピータン、軟白葱、干辣椒の3つの食材のみで成り立つシンプルなこの料理は、とにかく短時間で仕上げることが大切なのですが、それはせっかちな料理人呉さんだからこそ生み出すことのできた逸品なのかもしれません。

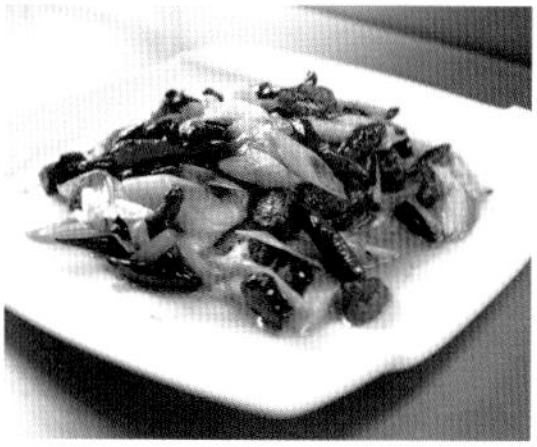

材料（2人分）

松花ピータン…2個、軟白葱（Lサイズ）…3本、干辣椒…30g、片栗粉…適量、酢…小さじ2、料理酒…大さじ2、うま味調味料…小さじ1、塩…小さじ1、胡椒…適量、胡麻油…小さじ2、大豆油…大さじ2

動画はコチラ

ヒーヒーアーヒー

歌辣山龍蝦

だって名前がズルい！

中華のアイアンシェフ脇屋さんの代表店『トゥーランドット臥龍居』の大人気メニューのひとつに、「ヒーヒーアーヒー炒め」というちょっとお茶目なネーミングの料理があります。

活オマール海老や地鶏などメインの食材はさまざまなようですが、朝天辣椒と花椒の香りをふんだんに演出したインパクト絶大の料理です。

だいたいにして、高級感めちゃめちゃ漂い、内外装もサービスも料理もそれはそれはすっごいお店なのに、「ヒーヒーアーヒー」というワードを料理名に使うなんて、ズルくないですか？

その素敵なお料理をパクッて、いや、敬意を持って拝借《はいしゃく》させていただきました。２種類の辣椒と花椒の織りなす高貴な香りと、中華一筋特製椒塩のやわらかな塩味との相性がX-GUNです！

つくり方

ヒーヒーアーヒー

大蒜をみじん切りにし、低温の油でゆっくりと揚げ、フライドガーリックをつくっておきます。

オマール海老は丁寧に水洗いした後、ハサミで足を取り外し、厚刃包丁で殻付きのまま縦半分に割ります。その後、卵と片栗粉で薄く衣をつけ（殻側に衣がつかないよう注意）、低温の油で油通しします。一度ボイルしたイチョウガニも同様に殻を食べやすいように叩き切り、卵と片栗粉で薄く衣をつけたら、１７０度の油で揚げておきます。手羽先は、塩、胡椒、料理酒、醤油で下味をつけたら、片栗粉を薄くまぶして１７０度の油でじっくりと揚げます。

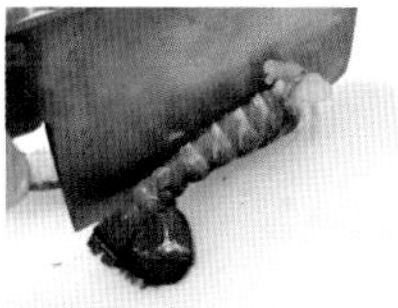

それでは仕上げです。熱した鍋に多めの油を入れ、花椒、干辣椒、朝天辣椒をたっぷりと入れて焦げないように注意しながらあおり炒めます。辣椒の色がくすんできたら、揚げた3種類の食材とフライドガーリックを入れ、「中華一筋特製椒塩」をかけながら麻辣の香りとともに食材に染み込ませるようにあおり炒め、胡麻油を垂らしてお皿に豪快に盛りつけたら完成です。

ぜひキンキンに冷えたビールと一緒にお楽しみください。

材料（2人分）

オマール海老…4尾、イチョウガニ…1杯、手羽先…6本、大蒜…4片、花椒…いっぱい、干辣椒（種付き）…もっともっといっぱい、朝天辣椒…もっともっといっぱい、中華一筋特製椒塩…適量、胡麻油…適量

〈下処理・下味〉

卵…適量、片栗粉…適量、醤油…小さじ2、料理酒…大さじ1、塩…少々、胡椒…少々、揚げ油…適量

動画はコチラ

相棒

No.4

ささら

未来につなげたい、古きよき、伝統ある洗浄器具

ささらは、古くからタワシと同様に、食器類の洗浄に用いる歴史ある道具であり、束になった竹の半分程度を持ち手とし、残りの半分程度を洗浄面に押しつけて使用する画期的な洗浄器具です。

比較的長くてかたいため、鍋を傷つけずに、そして大きな力を入れなくとも、こびりついたり焦げついた汚れを楽に落とすことができる優れものです。

新品のかたいささらをおろしたときは、砥石で持ち手の部分を削ります。そうすることで自分の手になじみやすく、角が取れ、使い込んでも手が痛くなりません。その後10分ほど鍋でグツグツと煮込むと竹が水分を含み、より使いやすくなります。煮終えたらすぐに冷水にさらしましょう。竹がさらに水分を含んでくれます。

使い方は簡単。汚れた鍋を火にかけ、水を適度に入れ、ささらでこそげとるだけです。鍋にべっとりとこびりついた酢豚のソースも、エビチリのタレも簡単にきれいになります。

ある程度使い込めば、竹の繊維がやわらかくなり、よくしなります。なので、一生懸命使ってあげることが大切なのです。これからも僕ら中華料理人が、この画期的な洗浄器具を風化させないように努《つと》めていきたいものです。

付録

これがつくれたらTHE職人！

中華仕込み

人はなぜ、ただただ油を仕込んでいる映像に
こんなにも心を奪われるのだろう。
人はなぜ、想像をはるかに超えた大量の仕込みに
こんなにも目を奪われるのだろう。
KMOはなぜ、寝る間も惜しんで、ただ黙々と、
仕込みをしているのだろう――。
それは、
あなたの「マジウマそう！」を聞きたいから。
あなたの「マジウケるんだけど」が聞きたいから。
ここまでお付き合いいただいたあなたに、
本書の最後に、
読むだけでウマくてウケる「中華仕込み」を
お届けしたいと思います。

食べるXO醤ラー油

特制XO辣椒醬

プロの中華料理人がつくる食べラーとは。

食べる辣油といえば数年前、『桃屋の辛そうで辛くない少し辛いラー油』という「え？　辛いの？　辛くないの？　え、やっぱり辛いの？」という曖昧《あいまい》な辣油が一大ブームとなり、その後はさまざまなブランドから瓶詰の具入り辣油が発売され、飲食業界全体を巻き込みながら、その座を築いてきた歴史があります。

しかし、具入り辣油のルーツは、中国料理にあるのではないかと勝手に思っています。中国料理にはさまざまな香味油を使用しますが、具が入ったものも少なくありません。辣油も例外ではなく、唐辛子や豆豉、大蒜、ピーナッツ、砕いた蟹……が入ったものまでいろいろ。ひとくくりで「辣油」といっても奥深いのです。

中華一筋厨房でも、例にもれず、具入り辣油を手づくりしています。美味しさがXO醬とても似ているため、食べるXO醬ラー油という名前にしました。「XO」すなわちEXtra Oldという最高級の冠がついた具入り辣油。

これがウマいのなんの。熱々の白いご飯にぶっかけるだけで、エンドレスにいける保証つき。サラダや餃子、炒飯、冷《ひ》や奴《やっこ》など、和洋中問わずさまざまに応用できる優れた逸品なのです。

つくり方

干し貝柱をお湯に浸けてから1時間程蒸して、やわらかく戻します。

そして貝柱の繊維を手でほぐすのですが、一本一本丁寧にほぐすことがとても大切。とかく派手なイメージが強いといわれる中国料理です。大きな鍋を使ってものすごい火力でガンガン音を立てて、デカい包丁を使って大根のようなまな板の上でバンバン切ってこそ中華料理！　もちろんその通りではあるのですが、貝柱の繊維を一本一本丁寧に手を使ってほぐすという地味な作業も、美味しさを求めるうえでは大切な要素のひとつなんです。ほぐした後は、たっぷりの低温の大豆油（分量外）でじっくりと油通しをし、一度取り出して油切りをします。

大ぶりの蝦米は丁寧に乾煎りをし、余分な水分を取り除いて海老の香りを最大限に引き出してから、包丁で細かく叩き切ります。

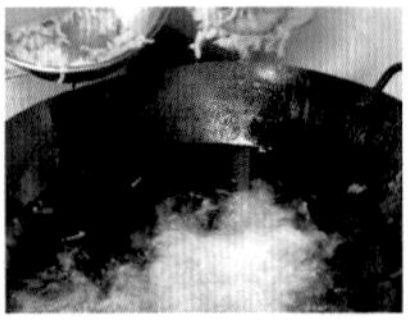

次に、鍋で大豆油2ℓを温めます。油の温度がある程度高くなったら甜麺醤と油辣椒を加えます。ゆっくりと弱火で混ぜながら合わせ、醤油、胡麻油、塩、うま味調味料、砂糖、貝柱を順に入れ、混ぜ合わせていきます。強火で炊いてしまうとすぐに焦げついてしまうため、とにかく弱

材料（つくりやすい分量）

- 干貝（干し貝柱）…100g
- 蝦米（干し海老）…400g
- 油葱酥…1kg
- フライドガーリック…1kg
- 白炒り胡麻…400g
- 醤油…160g
- 砂糖…200g
- うま味調味料…100g
- 甜麺醤…1.2kg
- 油辣椒…800g
- パプリカパウダー…120g
- 塩…260g
- 大豆油…8ℓ
- 胡麻油…1.2ℓ

火でゆっくりと混ぜ合わせることが大切です。

そしてアル中パウダー……もとい、パプリカパウダーを加え、さらにじっくり混ぜ合わせます。ここでアル中パウダーはさすがにヤバいです。もし入れてしまったとしたらトンデモナイことになりますので注意が必要です。

大きなボウルに大豆油6ℓを入れ、その中へ火にかけていた油をすべて加えて混ぜ合わせます。

さぁ、いよいよクライマックスです。

実はここからの工程がものすごく気持ちいいんです。それはもう新聞読んでるヤツより、牛乳飲んでるヤツよりキモちEのです。なぜかというと、この後ボウルに胡麻、蝦米、フライドガーリック、油葱酥《ヨーツォンスー》を入れるのですが、どれもスナック菓子のような乾燥具合でサーッとキモちよく合わさってくれます。

最後にホイッパーでよく混ぜ合わせたら完成です。小さな瓶に入れてもよし。大きなタッパーで保存してもよし。口に流し込んでも……まあよし！

きっと美味しすぎてあっという間になくなってしまうので、常温保存でOKです。

視聴者の声

食べるXO醤ラー油、こんなにも手間がかかってたんですね！ これは飯必須ですね!!（すずのゆっくり日常部屋）

・食材を最後まで無駄なく使っているので、見ていて気持ちがいいです。（ころすけころすけ）

・こんなのウマいに決まってる。（がちょぴん）

・この食べる辣油は、食に対する技能と創意に満ちていると思う。欲しいです。（Trader）

動画はコチラ

蝦油

蝦油

やがて最上級に変わるもの。

中華一筋厨房ではさまざまな香味油を手づくりしていますが、海老の料理には欠かすことのできない蝦油ももちろん自家製です。

蝦油は香味油の中でも特に劣化しやすいため、あまり大量に仕込むことはできません。

まぁ、仕込みといっても海老の頭と油を鍋に入れ、弱火でゆっくりと旨味と香りを移すだけなんですけれどね。しかし、透き通った薄紅色の油が出来上がるときの喜びと、残った海老のカスをさまざまなまかない料理で再利用できるという楽しみもあり、ウンザリしてしまうほど数ある仕込みの中では、珍しくテンションの上がる数少ない仕込みのひとつでもあります。

今回もお取り引き先の鮮魚屋さんから仕入れた新鮮な甘海老の頭10kg分の蝦油です。

蝦油

つくり方

つくり方はいたって簡単です。鍋に甘海老の頭部分を入れ、大豆油を海老が浸る程度まで注いで弱火にかけるだけ。

焦げつかないようにたまにかき混ぜ、約1時間経ったら油を濾して出来上がりです。深紅《しんく》に染まってできたこの油は、エビチリなど食材に海老を使う料理にはもちろん、海老を使わなくても海老の風味を出したい料理、果てはカップラーメンにまで、ほんの少し加えるだけで驚くほど上品な海老の甘い香りとコクが増します。

そしてそして！　油の仕込みに欠かせないのが「カス」。鶏カスや葱カスに比べ、皆さんもご想像しやすい海老頭のカスは、ビジュアルはご覧の通り最悪ですが、計り知れないほどの旨味の塊です。羊の皮をかぶった狼的な「カス」という名前のくくりの中では、まさに「最上級の極上カス」なんです。

さらに、そのカスをすり鉢ですりつぶしたり、フードプロセッサーでペースト状にすると、とんでもない食材に化けてしまいます。

蝦油と極上カス。そもそもどっちの仕込みでしたっけ？

材料（つくりやすい分量）

甘海老（頭）…10kg
大豆油…20kg

動画はコチラ

葱油

葱油

映える葱油に、命がけの葱油。

中華一筋厨房では、料理に応じた数種類の葱油をつくっています。使用する油や葱、つくり方もそれぞれ異なり、完成した葱油を使う料理もそれに応じて変化します。ふかひれなどの煮込み料理に使用する葱油は、ラードを鍋に入れ、火にかけてゆっくりと溶かしながら香りを移すだけの簡単仕込み。なのですが、お玉ですくい取ったラードがきれいな白い球体で、真っ黒な鍋に3個入れた感じがあまりにも映えるものだから、つい人に見せたくなってしまいます。

逆に、炒飯などの炒めものに使用する鮮やかな緑の葱油は、今にも火がつきそうになるほどに熱した大豆油に青葱を一気に投入する超危険で掃除が大変な、決して人を寄せつけない仕込みです。そんな2種類の葱油のつくり方をご紹介します。

葱油

つくり方

じっくり煮込む葱油に使用する油は、黄色と赤のコントラストがまぶしく、子豚のコックさんのロゴがイケてる『トクセイラード』です。このラードを使うととってもまろやかに仕上がるのですが、実はこれ、てっきり「特別製造」の略称でトクセイかと思いきや、「徳島製油」のトクセイだったというお茶目なオチも抱えているすごいラードなんです。そしてこのラードと玉葱、長葱の白い部分をじっくり弱火で炊いて香りづけするのですが、葱特有の甘い香りとコク、そして上品な粘りが出て、思わず子豚のコックさんの手に葱を持たせたくなってしまいます。

炒めものに使用する葱油は、鍋に大豆油を入れ、火災報知器に気遣いながら熱し、油に火がついてしまわない程度まで熱したら青葱を一気に投入します。もちろん油はね必至な危険作業ですのでかなり慎重に臨《のぞ》まなければなりません。すぐに網で抑え、そのまましばらく煮込むと、どこか遠い山々の森林が、湖面に映り込む広大な神秘の湖のような深緑の油が出来上がります。この油も超万能ですが、油の仕込みで取れる極上カスももちろん万能で、このカスと葱油でつくった炒飯の味は言うまでもありません。

材料（つくりやすい分量）

【じっくり煮込むバージョン】
玉葱…2個
白葱…3本
ラード…1.8kg

【超危険な命がけバージョン】
青葱…20本
大豆油…3kg

動画はコチラ

雀巣

雀巣

それなりの料理も一気に格上げ。

雀巣と書いて『ジャンスウ』と読みます。

野菜などを揚げたバスケットの中に料理が盛りつけてあり、そのひと皿を煌びやかに着飾ってくれているのを見たことはありませんか？

ひと言でいうと、食べられるお皿。雀巣に料理を盛るとお皿全体が立体的になり、なにせとにかく映えるんです。

特に難しい技術を必要とはしません。家でもその気になれば簡単につくれる雀巣（その気になることが一番のハードルなのですが）。

ぜひ、その気になってつくってみてください。

美味しい料理はさらに美味しく、それなりの料理はそれなりに……。いや、見た目から美味しく感じられるようにすることはとても大切なことですから。

つくり方

雀巣

雀巣は料理を立体的に演出するだけではなく、さまざまな食材を使ってつくることができ、余りものでも利用可能で、さらに簡単に誰にでもつくることができ、しかもそのまま食べることもできてしまうという、コスパ最強の映えアイテムでもあります。

最終的に油でカリッと揚がるものであれば何だっていけちゃうんですから。

食材は、野菜なら主に根菜類だとつくりやすいです。糸切りにした野菜に薄く片栗粉をまぶし、型枠で原形をつくります。それを丁寧に油で揚げて固めるだけです。

野菜以外にも春雨や麺やパスタ、春巻の皮や餃子の皮、ライスペーパーなど、さまざまな食材で応用ができます。

揚げる工程もさまざまで、鍋に揚げ油を沸かし、ボウルなどに食材をはさんで揚げるほか、食材そのものに直接熱した油をかける方法もあったり、オーブンなどで焼く調理法もあります。

さらに雀巣をつくる際にとっても便利な専用器具、バーズネストフライヤーを使うと誰にでも簡単につくることができます。

材料（つくりやすい分量）

野菜や春雨などの食材…適量
片栗粉…適量
揚げ油…適量

動画はコチラ

おわりに

本書を最後までお読みいただき、ありがとうございました。もともと文章を書くことが好きだった僕にとって、YouTubeの「概要欄」という場所は、文章量も多く、チャンネルのメインでもなく、好き勝手に遊べる遊園地のようでした。そこを読んでくださる極々わずかの方の「ニヤリ」とした顔を想像しながら、雨の日も風の日も好き放題に書き続けてきました。

YouTube『COCOCOROチャンネル』の大西哲也さんから、「出版社さんをご紹介したいのですが、出版にご興味ありませんか？」と声をかけていただき、「超あります」と即答したのは、世界中が新型コロナウイルスと闘っている真っ最中の２０２０年4月17日のこと。

本来であれば、いくら地方に住む田舎者の僕だとしても、担当編集者さんとは何度かお会いし、細かな部分まで徹底的に打ち合わせをし、フードデザイナーさんには自分では到底思いもつかないようなおしゃれな食器や背景を存分に吟味《ぎんみ》してもらい、たくさんの機材に囲まれながら「いかにもプロ！」というイケメンカメラマンさんに料理を撮影してもらい、もしかすると自分がお話しさせていただいたことをライターさんが文章にしてくれ、「こんなデザインのページはどう？」なんて見せてくれるデザイナーさんの隣で「すごい！」なんて微笑《ほほえ》んだり――。そんなマッタリとした、まるでお花畑にでもいるかのような本の制作過程だったのかもしれません。

がしかし、時はコロナ禍《か》。
未だにお顔も見たことがない編集者の滝澤さんとのやりとりは主にLINEとメール。時に勇気と元気をくれるかわいい妹のようで、時に間違いを指摘しまくり、訂正を期限付きで強要してくる温かくもちょっぴり怖い母親のようで……。そんな彼女とのやりとりは、忙しい毎日をさらに忙しくしてくれ、今まで経験したことのない充実した生活のちょっと上をいくような、とってもとっても楽しい、尊《とうと》い時間になりました。

また、陳建一さんをはじめ、脇屋友詞さん、菰田欣也さんにもご協力をいただきました。この場を借りてお礼を申し上げます。

皆さまのおかげで、ちょっと風変わりな、自分で言うのもなんですが、本当に素晴らしい本を完成させることができました。僕のような地方に住む者でも、リモートのみのやりとりでも、自分で撮影した料理写真でも、このような1冊にできたこと、すべてのヒト、コト、モノに、心から惜しみない感謝を申し上げたいと思います。

このヘンテコで最高の料理本を読んで、決して抱腹絶倒《ほうふくぜっとう》とかではなく、ちょっとだけ「ニヤリ」としていただければ、こんなにうれしいことはありません。

２０２０年夏
鈴木邦彦

鈴木邦彦（すずき・くにひこ）

１９６６年４月１日生まれ、A型。北海道帯広市出身。早生まれ最後の日に生まれてしまったがため、幼少期の頃から劣等感とともにつつがなく育つ。専修大学北海道短大を卒業後、横浜中華街の老舗『萬珍樓』で修行を積むと同時にバブル絶頂期を謳歌した後、父親の経営する中国料理店に入社。現在は兄とともに３店舗の中国料理店を経営する傍ら、さまざまな業界団体の役員を務め、さらには調理師専門学校の講師も務めるという、文字通り中華一筋33年の超多忙YouTuberでもある。自身のYouTubeチャンネル『中華一筋』では、チーフとして登場している。とっくに成人している一人息子に早く会社を引き継がせてのんびりしようと企てているのだが、友達のような父子関係が災いしてか、自由奔放に育ってしまった息子。その将来を案じている。

YouTube『中華一筋』

厚生労働省が認可する国家資格「中国料理専門調理師・調理技能士」を有する中華調理師一筋に生きてきた数名の男たちが、中華料理系YouTuberとして２０１８年に立ち上げたチャンネル。美味しい中国料理の調理動画を、さまざまな中国料理技法を用いてわかりやすく、「まかないガールズ」たちと楽しく、ちょっぴりキモく配信。普段なかなか見られない仕込みやまかないなど、調理の裏側をふんだんにアップロードしている。

調理師を志す若者が急激に減少している昨今、なかでも、中国料理の人気のなさを危惧。料理人として働く面白さ、素晴らしさ、楽しさ、やりがいを、YouTubeを通して伝え、調理師を志望する人が増えてほしいという強い願いのもと配信し続けている。

現在、チャンネル登録者数21万人超、視聴回数は４８００万回超（２０２０年９月現在）。

読《よ》めば読《よ》むほどウマくなる！
中華一筋《ちゅうかひとすじ》のべっぴん絶品料理《ぜっぴんりょうり》
２０２０年10月５日　第１刷発行

著　者　鈴木邦彦《すずきくにひこ》
発行者　佐藤靖
発行所　大和《だいわ》書房
東京都文京区関口１-33-4
電話　０３（３２０３）４５１１
ブックデザイン　内村美早子（anemone graphic）
撮影　鈴木邦彦、川本尚冴
レシピ協力　須藤江史
モデル・編集協力　まかないガールズ
カバーモデル　近藤ゆかり
編集　滝澤和恵（大和書房）
印刷　歩プロセス
製本　ナショナル製本

ISBN 978-4-479-92142-4
乱丁本・落丁本はお取り替えいたします
http://www.daiwashobo.co.jp/